Christian Weise

Der Tochter Mord, welchen Jephta unter dem Vorwande eines

Opfers begangen hat

Christian Weise

Der Tochter Mord, welchen Jephta unter dem Vorwande eines Opfers begangen hat

ISBN/EAN: 9783743499683

Hergestellt in Europa, USA, Kanada, Australien, Japan

Cover: Foto ©ninafisch / pixelio.de

Weitere Bücher finden Sie auf **www.hansebooks.com**

Der
Tochter-Mord.
Welchen
JEPHTHA
unter dem Vorwande
eines

Opfers
begangen hat/
Den 13. Febr. M. DC. LXXIX.
Auff der
Zittauischen

Schau-Bühne
vorgestellet
Durch
Christian Weisen.

DRESDEN/
In Verlegung Johan Christoph Miechs/
Buchhändlers.
Gedruckt bey Mel. Bergens/ Churf. S. Hof-Buchdr. nach-
gelassenen Wittbe und Erben. 1690.

Verzeichnis der Personen.

Zwey Tenoristen welche an statt des Vorredners die gantze Versammlung annehmen.

Jephtha. Fürst in Gilead.

Joseba. Dessen Gemahlin.

Thamar. Dessen Tochter.   (liebt.

Dodo. Ein Fürst aus dem Lande Tob in Thamar ver-

Reguel. Dessen kleiner Vetter.

Thola. Der Feld-Herr.

Gerson. Ein Obrister.

Malach. Der Fürstin Hoffmeister.

Jair. }
Machir. } Zwey alte aus Gilead.

Elon. }
Hillel. } Zwey vornehme aus Gilead.

Micha. Ein Prophet/hernach Schul-Oberst zu Mizpa.

Asupa. }
Jedida. } Der Thamar Gespielin.

Kedar. }
Hedai. } Zwey Gesandten von den Kindern Ammon.

Sabad. }
Reseph. } Zwey Gesandten vom Gebirge Ephraim.

Og. Der König zu Basan/ als ein Geist.

Simea Ein Priester.

Elkana. }
Joël. } Zwey andere Priester.

Usi. Ein vermummter Prophet.

Epha. Der Joseba Cammer-Jungfer.

Chor

Chor der Jungfern.

Fœcunditas.
Hilaritas. } Zwey Discantisten auff den Bäumen.

Thubal. Capellmeister mit seiner Compagnie.

Nabal. Des Jephtha lustiger Platz-Inspector.

Hika.
Heka. } Zwey Schalmeyer.

Tophet. Ein Drommelschläger.

Chud. Ein Schneider hernach ein Soldat.

Canaan. Ein Kauffmann.

Wachtmeister.

Zwey Soldaten.

Zwey andere Soldaten.

Ziba.
Schual. } Zwey Bauren.

Epilogus welcher zwar auffen gelassen ist; in dem er gar
zu Special eingerichtet gewesen. Doch wer es
nachspielen will / der wird der Gelegenheit nach
schon sehen / was sich vor die Spectatores schicken wird.

Des

JEPHTHA

Tochter-Mord/

Trauer-Spiel.

Der äusserste Schauplatz eröffnet sich/ und
wird von zwey Personen folgende Aria in
die Instrumente musiciret.

Jllkommen werthe Schaar/
So wird noch immerdar
Das Musen-Volck geliebet;
Und wenn die frohe Zeit
Nur einen Winck zu neuer Kurtzweil giebet/
So lacht die Gütigkeit /
Darunter wir alle nach unsern Verlangen
Die Früchte des emsigen Fleisses empfangen.
(Die innerste Scene wird aufgezogen.)
Der Schauplatz öffnet sich
Und mercket eigentlich/
Daß sich die Gönner finden/
Die manchen Liebes-Schein

A   Und

Und manches Licht an diese Lichter binden/
Biß sie verdoppelt seyn.
Derhalben wird niemand die Hoffnung verlieren/
Die Liebe biß ferner ans Ende zu spüren.

Wohlan laßt Aug und Mund
Durch einen süssen Bund
Auff unser Bühne spielen/
Und wenn wir solchen Trieb
Von eurer Gunst in dieser Handlung fühlen /
So habt das Eure lieb.
Kein Vater verachtet ein furchtsames Lallen/
Drum müssen auch unsere Fehler gefallen.

Wir geben hier ein Pfand/
Daß wir das Vaterland
Einmahl bedienen wollen/
Wofern wir Zung und Muth
Mit solchem Nutz ersprießlich führen sollen
Wie mancher ietzo thut.
Nur machet den Anfang in gütiger Stille
Fehlt unser Vermögen/so lebet der Wille.

Erste

Erste Handlung/

Erster Aufftritt.

(Der Schauplatz stellet einen Garten vor.)

Thamar singet.

1.

SChönster Sitz der Einsamkeit/
   Soll mir noch bey deinen Bäumen
   Was von Lust und Liebe träumen?
Oder soll die kurtze Zeit
   Etwas über mich beschlüssen
   Daß ich werde scheiden müssen?

2.

Ach wie hoch bin ich vergnügt/
   Wenn ich weit von hohen Dingen
   Kan von einer Blume singen/
Die vor meinen Füssen liegt!
   Also bin ich unbekümmert/
   Was in Städten lacht und schimmert.

3.

Hier spielt Tugend und Natur
   Unverrückt in einem Bilde/
   Und auff diesem Lust-Gefilde
Sucht die Einfalt ihre Spur:
   Die erfreut das Angesichte
   Nur mit ungeschminckten Lichte.

A 2   Alles

4.

Alles scheinet wie es scheint/
    Keine Farbe wird verstellet:
    Und wer sich zu uns gesellet
Redet nichts als was er meint:
    Weil er sich mit Trug und Liste
    Vor den Blumen schämen müste.

5.

Drum du angenehmer Platz
    Laß mich ferner unvertrieben
    Deine keusche Wollust üben;
Denn ich beffe meinen Schatz
    Lieber sittsam in den Grünen
    Als in Purpur zu bedienen.

Erster Handlung Andrer Aufftritt.

Dodo. Thamar. Reguel.

Dod. Wie so allein schönste Thamar? Und wer ist derselbe Schatz/ der sich dermahleins solcher köstlichen Dienste wird zu rühmen haben?

Tham. Wenn dieser einfältige Garten nicht der Tugend gewidmet wäre/ so müste ich mich schämen/ nachdem mein freymüthiger Gesang so einen vornehmen Richter bekommen hat.

Dod. Die Tugend schämet sich nicht/ und was ich gehöret habe/ solches giebt mir ein Zeugniß/ daß die Tugend ihr Hertze bewohnt.

Tham. Die rechte Warheit zu bekennen/es ist mir bange bey den Gesandten aus Gilead, ob sie etwan mei-

meinen Herren Vater bewegen möchten. Denn wofern er sich zum Auffbruche fertig macht / werde ich als seine eintzige Tochter nicht zurücke bleiben. Und wo würde ich die Lust dieses angenehmen Feldes hernach geniessen können.

Dod. Die Sorge ist vielleicht vergebens. Wer aus Gilead mit Gewalt ist verstossen / und als ein Bastart der väterlichen Verlassenschafft beraubet worden / der wird diesen undanckbaren Volcke nicht zu Hülffe kommen.

Tham. Ich sehe wohl was die Gerechtigkeit erfodert: Doch die Thränen und Seufftzer einer bußfertigen Abbitte können offt die Barmhertzigkeit wieder unsern Willen bewegen.

Dod. Wo die Unbilligkeit auff den höchsten Grad kommen ist / da findet die Barmhertzigkeit nichts zu verrichten.

Tham. Ach wie glückseelig wäre ich / wenn mein Herr Vater diesen Ausspruch gethan hätte!

Dod. Ein Vater wird der eintzigen Tochter nicht widersprechen.

Tham. Aber eine Tochter soll sich auch nicht erkühnen dem Vater zu mißfallen.

Dod. Solches Mißfallen wird durch die väterliche Liebe entschuldiget.

Tham. Immittelst wird ihm die höchste Gewalt auffgetragen: Und er wird fragen / ob ich nicht gerne ein Fürstliches Fräulein heissen wolte.

Dod. Vielleicht ist im Lande Tob eine Privat-Person glückseeliger / als im unruhigen Gilead ein Fürsten-Kind.

A 3 Tham

Tham. Ich darff nicht widerleget werden. Das
Land Tob ist mir seiner Güte halben bekandt genung.
Allein/ der Herr Vater wird seinen Stand verbessern
wollen. Es ist besser in Gilead der Erste/ als in Tob
der Andere zu seyn.

Dod. Schönste Thamar, sie hat den Ruhm unter
den Schönen die erste zu heissen.

Tham. Dieses spricht vielleicht ein einfältiger Liebhaber: Sonsten weiß ich wohl/ daß keine Tochter vor
ihrer Heyrath über der Eltern Stand erhöhet wird.

Dod. Meine Auffwartung bezeuget/ daß ich begie-
rig bin/ ihren Stand zu erhöhen/ so hoch meine Person
am Königlichen Hofe gesetzet ist.

Tham. Diese Frage gehört vor meinen Hr. Vater.

Dod. Und ich habe genung/ daß sie mir die Freyheit
giebet/ ihren Herrn Vater anzusprechen.

Tham. Mein Herr/ich habe keine Freyheit auszu-
theilen.

Dod. Ich aber bin nothdürfftig dieselbe anzuneh-
men; In dieser Versicherung nehme ich demüthigsten
Abschied.

Tham. Ich begehre keinen Abschied: Er helffe den
Herrn Vater dahin disponiren/ daß wir des Abschie-
des nicht bedürffen.

Dod. Auch diesen Beschl will ich in keine Vergess-
senheit stellen.

(Dodo gehet ab.)

Tham. Mein liebstes Printzgen/ wolt ihr nicht des
Herrn Vetters Liebden folgen?

Reguel. Ich bleibe bey meiner Liebsten.

Tham. Wenn ich aber wegziehen muß?

Reg.

Reg. So muß ich so lange weinen / biß sie da bleiben will.

Tham. Was seyd ihrs gebessert / ob ein schlechtes Bauer-Mägdgen da bleibet / oder weg zeucht?

Reg. Sie ist kein Bauer-Mägdgen / sonst wolt ich selber ein Bauer seyn.

Tham. Gedenckt doch / wie schön ist euer Zimmer ausgeputzt / und wie schlecht ist dieser Garten dagegen.

Reg. Ich mag kein Fürste seyn / der in dem Zimmer steckt / wie ein Dachs in dem Loche; ich muß des Feldes gewohnen / / daß ich einmahl einen stattlichen Soldaten abgeben kan.

Tham. Wolt ihr in den Krieg ziehen?

Reg. O ja / ich will eines mitwagen / ich will mich vor keinen blossen Degen entsetzen.

Tham. Nun / der Vorsatz ist gut; wenn ihr dabey bleiben wollet / so will ich euch mit in mein Zimmer nehmen.

(Der Schauplatz verändert sich.)

Erster Handlung Dritter Auffzug.

Jephta. Thola. Jair. Nabal. Elon.

Jeph. Wie offt soll euch mein Gesichte verbothen werden? Ich will nicht. Lasset euch an dieser Antwort begnügen.

Jair. Inzwischen bekennen wir unsere Sünde mit diesen Thränen / ja durch diesen Fußfall: Versichern auch / das vormahlige Verbrechen mit tausendfacher Unterthänigkeit zu ersetzen.

Jeph: Wo war die Unterthänigkeit / als ich aus dem Lande fliehen muste?

Jair.

Jair. Gnädigster HErr--------

Thol. Was / gnädigster Herr? Wer einen gnä-
digen Herrn verlanget / der darff die Gnade nicht mit
Füssen treten.

Jair. Solches ist nicht von allen geschehen. Was
haben die unschuldigen Kinder verdienet / welche an
dieser Sünde kein Theil haben.

Thol. Sie mögen die Boßheit ihrer verdammten
Eltern tragen.

Elon. Auch die Eltern sind nicht in gleicher Ver-
dammniß.

Thol. Was die Vornehmsten sündigen / davor
stehet das gantze Land.

Elon. Das Land stehet davor / biß die Barmhertzigkeit ins Mittel tritt.

Thol. Die Zeit ist vorüber / da man hat von Barmhertzigkeit reden können.

Jair. Ach gnädigster Herr! wir können nichts mehr
thun / als die volle Herrschafft zu dero Händen liefern.
Ist iemand schuldig / von dem werde die Straffe gefodert.   Das Rachschwerdt soll Euer Gnaden / als unsern Hochgebietenden Herrn anvertrauet seyn.

Jeph. Wo die Ammoniter das Rach-Schwerdt
führen / da bin ich der Müh überhoben.   Doch was hören wir den Rasenden zu?

(Jephtha und Thola gehen ab / Jair und Elon
stehen auff / und bleiben in tieffen Gedancken beysammen / Nabal springet lustig um
sie her.)

Erster

Erster Handlung vierdter Auffzug.

Nab. Profit ihr Herren wegen der guten Expedition. So gehts/wenn man bey gutem Glücke zu stolz wird/ so müssen hernach im Unglücke die Scherhosen desto enger zugeschnitten werden.Gelt/wie ich mit meinem Herrn über Hals über Kopff zum Lande hinaus muste/da ward an keinen Fußfall gedacht.Und eben du altfreßner Schimmel-Kopff / schicktest mir einen Berenheuterischen Häscher hernach / der mich noch zu guter letzt mit einem Kieselstein aus Gilead in den Rücken warff/ daß ich des ehrlichen Vaterlandes Gedächtniß anderthalb Jahr im Creutze herum schlepte. Nun kömmt dirs zu Hause und zu Hofe; Und wenn die Ammoniter Meister im Lande spielen werden / so wird der Ehrenveste Nabal ein Triumph-Lied singen:

Sa/lustig/die Gileaditer sind todt/
Sie haben die Herrschafft und alles verlohren/
Sie jagten mich neulich in äusserste Noth/
Nu werden sie zwiefach darwieder geschworen:
Sie pralten als Herren/nun heissen sie Knechte/
Und bleiben auff ewig ein armes Gemächte.

He! Wie kömmt dieser Lobgesang heraus?

Jair. Ach unglückseeliges Vaterland! wird deine Hoffnung zu Wasser / und soll manch unschuldiges Mutter-Kind den Ammonitern in die Knechtschafft geliefert werden ? Ja freylich hat der zornige Himmel unsern Untergang so nahe gesetzet / daß wir den äussersten Verderben nun mehr schwerlich entfliehen werden. Ach gesegnet sind die Gräber/welche die meisten

Per-

Perſonen meines Alters vor ſolchem Unglück verborgen haben: Hingegen verflucht ſey der Bote/ der mir
biſhero zu einem Geburts-Tage nach dem andern Glücke gewüntſchet hat.   Denn darum habe ich gelebet/
daß ich dem armen Vaterlande die Poſt bringen ſoll.

Elon. Wertheſter Freund/mit Klagen wird nichts
ausgerichtet/ und zum wenigſten werden wir an dieſem
Orte ſchlechten Nutzen davon haben.

Jair. Die Verzweiflung hat nichts übrig als Klagen.

Elon. Doch iſt die Verzweiflung noch großmüthig/
wenn man die Klage vor ſeinem Feinde nicht hören
läſt.

Jair. Ich will mich wegen der Großmüthigkeit nicht
/ loben laſſen/da ich als ein Knecht leben ſoll.

Elon. So lange ich keinen Feſſel klingen höre/ ſo
lange halte ich mich vor keinen Knecht.

Jair. Kommt nur in Gilead. und ſaget mir wieder/
ob ihr nichts klingen höret.

Elon. Unterdeſſen habe ich gute Hoffnung.

Jair. Ich kan nichts hoffen/ da ich auch den Narren
zu Spott werde.

Elon. Vielleicht ſoll mir der Spott zu beſſern Glücke dienen.   Höret guter Frennd/habt ihr Zeit auff ein
Wort?

Nabal (Gehet gantz ſtoltz auff der Seite.)

Ich weiß nicht/ ob der Kerl mich rufft: Sonſt höre
ich auff die Complemente nicht.   Im Lande Tob habe
ich einen gröſſern Titul.

Elon. Mein Herr/ iſt es ihme gelegen ein Wort zu
reden?

Nab.

Nab. Wer meine Ohren mit keinen Ceremonien auffschleust/der hat keine Audienz.

Elon. Ihr Excell. dem Herrn zu dienen.

Nabal. Siehe da / fragen sie nach mir / was ist ihr Begehr?

Elon. Ihr Excell. es ist uns leyd / daß ihre Gnaden / Herr Jephtha, so zornig sind / und möchten eine Person finden / welche uns einige Versöhnung erlangen könte.

Nabal. Ihr guten Leute/ das wird euch wenig helffen. Denn ob gleich Hr. Jephtha tausendmahl versöhnet wäre / so ist doch ein vornehmer Mann noch übrig/ der seinen Consens nimmermehr drein geben würde.

Elon. Ein vornehmer Mann? Wir wollen thun/ was uns möglich ist: Ihr Excell. wollen so gütig seyn/ und dero Diener den Nahmen wissen lassen.

Nabal. Ihr thummer Gileaditer / wisset ihr nicht/ mit wem ihr redet: Es ist mir leyd / wo ich den ersten Buchstaben nenne/ so werdet ihr vor Schrecken zu Boden fallen. Er heist Nabal -- wolt ihr noch nicht fallen?

(Schreyet noch stärcker.)

Er heist Nabal. Fallet nieder/oder ich sage euch den gantzen Titul.

Elon. Womit aber sind Ihr. Excell. disgustiret worden?

Nabal. Ich meine es wäre disgusto genung/wenn einer zum Abschiede Maulschellen/ Holtzbirn/ und steinerne Erd-Nüsse verschlucken muß. Ich will meinem Herrn den Vorzug lassen/ und zusehen / wie er sich revangirt: Darnach will ich wissen/was ich vor ein Procedere mit euch spielen soll. O ich zerreisse mich vor

Boß-

Voßheit! Ihr Hunde / dürffte ich meinem Herrn vor-
greiffen / mein Sebel und eure Köpffe wären schon ein
Ding worden.

Elon. Eure Excell. wolle den Zorn nicht über sich
herrschen lassen / hier sind 20. Silberlinge / damit wir
den Schimpff gern bezahlen wollen.

Nabal, Ich thäte was anders auff das Lumpen-
Geld.

(Wirfft es weg.)

Ziehet nur in Gilead und sprecht / es wäre ein vornehmer Mann / der hätte die Courage 20. Silberlinge auff einmahl vor die Hunde zu werffen.

Elon. Ihr Excell. wollen doch das Geld nicht verachten.

Nab. Es ist einmahl veracht / es soll auch verachtet
bleiben. Doch muß ich sehen / ob es auch eben so viel ist /
daß ich weiß / wie viel ich verachten soll.

(Er nimts und zehlets ;)

Ich kan mit den 20. Silberlingen nicht zu rechte
kommen / ich muß einen Wechsler antreffen / der mir
aus dem Traume hilfft.

(Laufft hinein.)

Jair. Eine schöne Hoffnung vor 20. Silberlinge.
Elon. Ich halte sie höher als so wenig Geld.
Jair. Was soll aber der Narr helffen?

Nab. (kömmt wieder.)

Ihr Leute / ich habe mich erkläret das Geld zu verachten.   Nun sehe ich / daß ein Stücke dabey ist / darauff unsers Allergnädigsten Königs Nahmen stehet /
und

und weil ich denselben nicht schimpffen darff/ so frage ich/wolt ihr das Geld wieder haben?

Elon. Es ist einmahl verschenckt/ ihr Excell. müssen es entweder behalten oder wegwerffen.

Nab. Ich bin in rechter Angst. Ich werde es wohl behalten/ ehe ich mich an Ihr Königlichen Majestät versündige.

Elon. Sie behalten es zu guten Glücke.

Nab. Aber soll ich deswegen auff euch wieder gut werden?

Elon. Dieses ist unser Wunsch/und darum haben ihr Excell. das Geld angenommen.

Nab. Ja die 20. Silberlinge sind nur daß ich mit euch rede: Nun muß ich andere 20. haben/daß ich euch gut werde / und wieder 20. daß ich euch einen guten Rath gebe / und noch andere 20. daß ich den guten Rath helffe anbringen/ und wieder 20. daß ich Hr. Jephtha den Zorn ausschwatze/ wo diß Geld liegt/da mögen alle Ohrfeigen und Nasenstüber vergessen seyn.

Elon. Ihr Excell. sollen das Geld haben: Allein/ weil wir von unsern Volcke zu gewisser Rechnung angewiesen werden / wollen wir alsdenn die Bezahlung thun/wenn etwas Gutes erfolgen wird.

Nab. Ich kan nicht davor / wenn nichts Gutes erfolgt/unterdessen muß meine Müh bezahlet werden.

Elon. Ihr Excell. nehmen diesen Ring zum Unterpfande/daß wir unsere Worte gewiß halten wollen.

Nab. Ich verwirre mich mit keinem Ringe: denn vor eins möchte ich den kleinen Bettel verliehren/ und vors andere/ könte ich zu einer Dienstbarkeit verbunden werden/ als wie vor einem Jahr unser Kammer-

Mäd-

Mädgen/ es mag dabey bleiben/ ein Wort ein Wort/ ein Mann ein Mann/ gebt mir die Hand/ es soll mir so gut seyn/als ein Blanqvet zu einer Vollmacht.

Elon. Und also nehmen wir von E. Excell. gebüh, renden Abschied.

Nab. Gar wohl/ meldet euch Morgen wieder an/ es soll euer in allen Gnaden get acht werden.

(Sie gehen ab.)

So so ihr ihr Herren Abgesandten/ muß man seine Accidentia da suchen/ und hat der Ehrenveste Plätz, Inspector solche vornehme Melck-Kühe bekommen: Ja freylich: Handel und Wandel muß seyn/und wer ein solch nefas siten machen kan/ der muß desto schärf, fer rupffen/wenn er dazu kömmt. Doch still/mit dem Gelde zu Sacke/es kömmt iemand.

Erster Handlung fünffter Auffzug.

Joseba, Epha, Nabal.

Jos. Siehe da/ Nabal, was giebt es hier zu thun?

Nab. Ihr Gnaden sehen mich als einen Cavallier, der Lust hat in den Krieg zu ziehn.

Jos. Was haben wir vor einen Krieg zu befürchten?

Nab. Wenn mein gnädiger Herr seinen Lands, Leuten beystehet/ so muß ich allerdings den Troup führen.

Jos. Ja zu dem Wein-Glase?

Nab. Zu allen beyden. Denn wie einer säufft/so ficht er auch/ und wer seinen Mann hinter dem Tische fürchtet/ der taug gemeiniglich im Felde auch nicht viel.

Jos.

man sich den köstlichen Vorschlagen widersetzen wolte.

Jos. In Warheit köstliche Vorschläge. Pech und Schwefel den ungehangenen Dieben auff ihre Köpffe.

Nab. (ad Spect.)

Ein schöner Anfang zu meiner Ambassade.

(ad Jolebam.)

Ey was können die guten Leute davor / daß etliche Schelmen unter den Hauffen sind.

Jos. Mit meinen Willen wird nichts daraus.

Nab. So höre ich wohl E. Gnaden wollen mir die Gelegenheit zur Tapfferkeit abschneiden.

Jos. Meinetwegen magst du bey dem Schinder in Gilead Dienste suchen / ich will dich nicht abhalten.

Nab. Grossen Danck vor den Paßport. Aber wenn ich von vornehmen Sachen judiciren darff / so könte man der Injurien leicht vergessen / wo man drüber zur Fürstin werden kan.

Eph. Gn. Fräu / gesetzt daß unser Herr Nabal den Verstand nicht allemahl zu Hause hat / so schiene es doch / als wäre diese Rede sehr wohl gegeben.

Jos. Wie? meinest du auch daß wir die Hunde suchen sollen?

Eph. Es ist allemahl gut eine Fürstin zu werden.

Nab. Und wo kan man besser Revange suchen / als wenn man zur Fürstin wird? Botz tausend / wie freue ich mich auff meines Gn. Herrn Resolution! Es soll mancher Groß-Hanß aus Gilead meine Schuriemen

zu-

zuknüpffen / der mich sonst mit dem Fusse nicht wegge-
stossen hätte.

Eph. Und das hiesse recht über die Feinde trium-
phirt.

Nab. Ach du arme Möhre / du wirst viel triumph-
ren; du leckst noch alle Finger darnach / daß ein Küh-
melcker aus Gilead über dich triumphiret.

Jos. Halt inne Nabal, die Sache erfordert Bedenckzeit.

(Gehet ab.)

Nab. Sa / sa / die Frau ist gefangen! sie wird nicht
viel einwenden / wo Hr. Jephtha zu gewinnen ist / da-
rum habe ich nun mein Geld mehr als halb verdienet.
Schade / daß ich nicht drey Viertel davon an gute
Compagnie wenden soll. Denn wo der Krieg vor der
Thüre ist / da ist der beste Rath / daß man sich vor 15.
Silberlinge Courage an den Hals schufft.

Erster Handlung Sechster Auffzug.

Jephtha. Thola. Gerson, Nabal.

Jeph. Was macht Nabal hier?

Nab. Gn. Hr. ich halte Wache / daß E. Gn. nicht
von den schelmischen Gesandten überlauffen werden.

Jeph. Mein Eyffer soll sie schon abhalten / daß man
deiner Wache wenig dürffen wird. Aber ihr gelieb-
ten Freunde / könnet ihr euch über die unverschämte Art
genugsam verwundern.

Thol. Wer unverschämt ist in Beleidigen / der hat
auch die Scham verlohren / wenn er bitten soll.

Jeph.

Jeph. Ich schäme mich fast/ daß so ein verzagtes Volck über mein Erbtheil hat gebieten sollen.

Thol. Die Scham ist genugsam gerochen/ indem sie fußfällig werden/ und die unverantwortliche Leichtfertigkeit im Staube bekennen müssen.

Jeph. Der Schimpff schlage über ihren verdammten Kopff zusammen/ und was an meines Vaters Hause verübet werden/das werde durch die Ammoniter gedoppelt vergolten. Aber mein geliebter Gerson,was ist eure Meynung?

Gers. Wofern ich nicht zu wenig bin hohen Gedancken zu widersprechen/so hielt ich dafür/man möchte diß Sache etlicher massen in deliberation ziehen.

Jeph. Vielleicht ob ich mir zum Spott die Rache gegen meine Feinde verhindern solte?

Gers. Nein/ sondern ob man den kostbaren Fürsten-Titul verseumen solte.

Jeph. Uber Schelmische Unterthanen will ich kein Fürst seyn.

Gers. Wer ein Fürste werden will/ dem müssen alle Unterthanen gefallen.

Jeph. Soll mir aber der Titul zur Schande gereichen?

Gers. Ein Fürst wird nach der Hoheit/nicht nach den Unterthanen geschätzet.

Jeph. Werthester Thola,seynd dieses auch eure Gedancken.

Thol. E. Gn. können vergnügt leben/ daß sie würdig gewesen seyn/einen Fürstlichen Titul zu besitzen.

Gers. Noch vergnügter/ wenn die Würde in der That erhalten wird.

B   Thol.

Thol. Die That ist noch ungewiß.

Gerf. Da die Abgesandten die Vollmacht in Händen haben?

Thol. Wer in der Noth viel verspricht/ der kan im Glücke desto mehr wiederruffen.

Gerf. Wer die Vollmacht einmahl angenommen hat/ der wird sich durch keinen ohnmächtigen Wiederruff entsetzen lassen.

Thol. Die Verrätherey hat Wege genung.

Gers. So darff niemand keinen Fürstl. Thron besteigen.

Thol. Ja/wo sich dergleichen Erhebligkeiten antreffen lassen.

Gers. Und was ist so erheblich?

Thol. Wir sind einmahl vor Feinde erklähret worden/ wie wollen sie uns eine rechtschaffene Freundschafft zutrauen? Ich halte wofern sie ihre eigene Wohlfahrt nicht versäumen wollen/so werden sie durch den Scheinheiligen Argwohn zu aller möglichen Untreu verleitet werden.

Gers. Die nachfolgende Wohlthat wird dieser Furcht leicht abhelffen.

Thol. Ich sage die Furcht wird desto grösser seyn.

Gers. Fürchtet man sich auch vor den Wohlthätern?

Thol. Wer vor das Unrecht nicht gebüsset hat / und nunmehro die Wolthat nicht vergelten kan/der findet gedoppelte Schuld auff seinem Halse liegen.

Gers. Die gedoppelte Schuld wird leichte gemacht/ wenn der Gläubiger seine Liebe auff den Schuld-Zettel drucket

Jeph.

Jeph. Jemehr ich euern Reden zuhöre/deſto weniger bin ich geſchickt/einigen Schluß zu faſſen. Wolan/laſſet den bekandten Propheten Micha herkommen/ und vernehmet/was er uns bey dieſer weit ausſehenden Sache gutes oder böſes weiſſagen werde.

(Jephtha, Gerſon und Nabal gehn ab.)

Thola. Was ſoll ich ſagen? Ich widerſtrebe den Gileaditern/welchen ich gerne geholſſen wüſte.   Denn daß Ich meinen Herrn nöthige/ in dieſem Land zu bleiben/darzu hat mich Printz Dodo veranlaſſet/ welchem ich immerwährende Freundſchafft geſchworen habe. Es verwundert mich/warum er nicht hier iſt.

Erſter Handlnng/ Siebender Auffzug.

Dodo. Thola.

Dod. Wie ſtehet es/wertheſtet Thola, ſind die Pfeile wohl verſchoſſen worden?

Thol. Mein Printz/ſcharffſichtig genung/ ich weiß nicht/ wie glückſelig.

Dod. Ich höre dieſes nicht gerne.

Thol. Ein Ehrſüchtiger Herr läſſet ſich den Fürſten-Titul ſo bald nicht aus dem Sinne reden.

Dod. Ach das heiſſet ich ſoll ſterben!

Thol. Nein/wertheſter Printz/ es iſt noch nicht ſo weit kommen.

Dod. Aber iſt Jephtha willig?

Thol. Das Werck beruhet auff einem Propheten/ was derſelbe weiſſagen wird/ darnach werden ſich die andern Anſchläge zu richten haben.

B 4   Dod

Dod. Wo die Propheten in das Spiel kommen/ da haben die Gileaditer gewonnen.

Thol. Ich wolte/ meine Gedancken wären betrogen.

Dod. Wenn aber dem Propheten ein fetter Bissen in den Hals gestecket würde/ daß er die Wahrheit verschweigen wüste?

Thol. Es ist zweiffelhafftig. Doch will mein Printz einen Versuch thun/ wird der Ausgang allerdings nicht unglücklich seyn.

(Sie bleiben auff der Seite stehn.)

Erster Handlung Achter Auffzug.

Micha. Nabal.

Micha. Es nimt mich Wunder/ was Herr Jephtha so schleunig begehret.

Nab. Herr Pater, verwundert euch ein andermahl/ und gehet fort/ daß die Herren nicht auff uns warten dürffen.

Mich. Aber wist ihr nicht/ was ich verrichten soll?

Nab. Ich will euch den gantzen Plunder mit dreyen Worten erzehlen. Die Gesandten aus Gilead wollen unsern Herrn zum Fürsten machen/ nun mag es etlichen Officiren nicht gefallen/ so will er euere Klugheit darüber vernehmen. Ach lieber Herr Pater; ist es möglich/ daß ihr etwas gutes wegen der armen Leute reden könnet/ so erbarmet euch der armen Kinder/ die sonst den Ammonitern in die Hände kommen.

(ad Spectatores.)

Und meiner 60. Silberling/ daß mir dieselben nicht ge-

geplündert werden/ ehe der Wechselbrieff in Gilead
geschrieben wird.

Mich. Was mir der HErr offenbahret/ das will
ich reden.

Nab. Ey Herr Pater schwatzt immer aus euren Gedancken was artigs mit unter; Jephtha verstehet sich
viel auff Geistliche Sachen:

Mich. Davor behüte mich der Himmel. Aber gehet voran/ und saget ich wäre bereit dem Herrn auffzuwarten.

Nab. Wol/wol/ nur daß ihr in meinen Rückwege
gewiß hier anzutreffen seyd.

(Geht ab.)

Erster Handlung/ Neundter Auffzug.

Micha, Dodo, Thola auff der Seite.

Mich. Nunmehr befinde ich/daß meine Muthmassungen gar wohl eintreffen/ es werde der tapffere
Held noch einmahl des Hrn Kriege führen. Und wie
froh will ich seyn/wann ich die bestätigung von dem Hrn
selbst empfangen soll.

Dod.   (kömt auff Micha loß)
Ever Ehrwürden meine freundliche Dienste.

Mich. Und euch mein andächtiges Gebete zuvor.

Dod. Wie spatzieren E. Ehrw. so alleine hier.

Mich. Ich habe Befehl auff Hrn Jephta zuwar-
ten.

Dod. Vielleicht wird er sich einer Himlischen Weiß-
sagung erholen wollen.

Mich. Ich halte dieß; wird die Ursach seyn.

B 3   Dod.

ben E. Ehrw. keine Nachricht von den
hin der Schluß fallen möchte?

hr ist noch zur Zeit nichts entdecket wor=
het auch meines gleichen nicht an die
vor der angesetzten Stunde bekandt zu

viel ich dein Wercke nachsinnen kan/ so
immet diesen Feld=Zug nicht billigen.
eses soll heute klar werden.
Gileaditer sind ein unbanckbares Volck.
deßen heißen sie GOttes Volck.
es durch Gottlosigkeit diesen Titul ver=

ttes Güte währet ewig.
kan hiervon nicht viel disputiren. Allein
Ehrw. um eine Freundschäfft ansprechen/
vor/ es würde die Weißagung auff ein
bleiben eingerichtet.
rum muß der Himmel ersuchet werden.
Propheten könten sich einer Himlischen
dienen.
inn sie ihre Pflicht aus den Augen setzen.
Pflicht wird nicht versäumet/ wo etwas
wird. Es solte mir leid seyn/ wenn
so einen Schutz=Engel verlieren müste.
h noch einmahl E. Ehrw. helffen die
ln/ daß wir beysammen bleiben. Der
am Waßer soll ihm wegen der guten
ersprochen seyn.
verkauffe die Warheit nicht: noch viel=
ich mit Unwarheit zuhandeln.

Dod. E. Ehrw. wollen sich gantz nicht
sen belieben sie nicht das Haus neben den

Mich. Warum beut Er mir solche G
Denn gewiß was ich umsonst gethan hätt
nun schwerlich thun dürffen.

Dod. Und wie solte es nun schwer seyr

Mich. Die Personen meines Sta
nicht allein vor dem Geitze/ sondern auch v
dachte lüsten.

Dod. So ist meine Hoffnung vergebe

Mich. Nicht vergebens/ doch anitzo t
dessen lebe er meiner Lieb- und Gebet
Affection versichert.

Dod. Ich recommendire meine Hof
Ehrw. angenehmer Disposition.

(Gehet ab.] hola folget ih

Erster Handlung/ Zehender
Nabal. Elon. Micha.

Elon. Ist er hier?

Nab. Freylich ist er hier. Und wo
ein Stiel gefunden wird/ ehe mein Her
te der Hund schrecklich übel reiten.

Elon. Aber/ wie soll ich so einen Ge
ren gewinnen?

Nab. O ihr thummer Kerl aus Gile
erste nicht / der seine Propheceyungen t
nur hin und werfft ihm was ehrliches a
wiewohl meiner discretion ohne Schad

Elon. Hochwürdiger Vater/ darff ich
dieselbe in ihrem meditationibus zu tur

B 4

Mich. Ich versage keinen Menschen meine Auf-
wartung.

Elon. Hochwürdiger Vater / nachdem ich in Er-
fahrung kommen bin / ob solte der Durchlauchtige
Jephtha nach dessen vornehmer Person Verlangen tragen / um zuvernehmen / wie weit er sich über das arme verlassene Land Gilead erbarmen / und mit seiner
Hülffe daselbst erscheinen dürffte ; Als habe ich aus
schuldiger Liebe gegen das betrübte Vaterland meinen Hochwürdigen Herren Vater ansiehen wollen /
Er möchte solche Weissagung zu unsern Vortheil und
dem Völcke GOttes zum Troste außschlagen lassen.
Ich verspreche diese Wohlthat mit des Schul-Obersten Stelle bey der Synagoge zu Mizpa nicht allein
danckbarlich zuverschulden / sondern auch so viel angenehme Dienste zu erweisen / als das gesamte Gilead
in Vermögen haben wird.

Mich. HochgeEhrter Herr / ich habe sein Anbringen verstanden / und gleich wie mir von Hertzen leid
ist / daß ihr geliebtes Vaterland / und conseqventer
das Volck GOttes in solcher Drangsal leben muß /
da man vor diesen auff allen Hügeln gejauchtzet und
gesungen hat / also möchte ich wohl etwas darbey coo-
periren. Allein er weiß / daß ich in meinen Worten
an den Willen des Himmels gebunden bin. Und gesetzt / daß ich neben der Weissagung etwas angenehmes
beytragen könte / so muß ich mich schämen / daß er meine Zuneigung durch solche grosse Eilfigkeit bey mir er-
werben will.

Elon. Hochwürdiger Vater / ich bin glückselig / daß
seine Affection so scheinbar ----

                                      Nab.

Nab. (fället ihm in die Rede.)

Allons, Allons ihr Herren/der Fürste kömmt. Herr
Pater hicher. Monſ. Elon dort hinaus/es geht nunmehr
etwas vor/ dabey ein Gesandter aus Giliad nichts zu
schaffen hat.

(Elon geht ab.)

Erster Handlung/ Eilffter Auffzug.

Jephtha. Thola. Gerson kommen.

Jeph. Iſt der Seher hier?

Mich. Gnädiger Herr/ ich bin bereit/deſſen Befehl
anzuhören.

Jeph. Es iſt an dem/ daß die Einwohner in Giliad
wegen der Kinder Ammon groſſer Krieges-Gefahr un-
terworffen sind/ und daß die gesamten Gileaditer mich
zu ihrem Fürsten und Schutz-Herrn begehren. Alldieweil aber der Sache mit menschlicher Klugheit nicht
kan abgeholffen werden/ so iſt meine gute Hoffnung/ihr
werdet mir den Schluß des allein-weisen Himmels of-
fenbahren. Doch vor allen Dingen seyd ermahnet/
nichts zu verschweigen/welches der Herr durch euch will
verkündigen lassen.

Mich. Gnädiger Herr/ ich bin des Himmels Die-
ner/und werde gehorsam seyn/ alle Worte nach dem
Willen meiner Principalen zu wiederholen. Allein sind
die Spielleute schon hier?

Thol. Wer hat die Spielleute beſtellen sollen?

Nab. Sie sind schon da.

(Thubal mit seiner Compagnie stellet
sich ein.

B 5 *Nab.*

Nab. Herein/ herein ihr Pursche / fiedelt den zu-künfftigen Schul-Obersten etwas kluges in den Kopff/ oder ich will eure Griff-Brete den Kindern Ammon zum besten geben.

Mich. Nun wolan spielet auff/ biß ich ein Zeichen gebe.

(Sie spielen / Micha geberdet sich auff die letzt wunderlich / endlich saget er mit harter Stimme.)

Wo geht des Herren Volck ? Wer weidet diese Schaffe?

Die Hirten sind dahin / und niemand kennet sie.

Die Felder sind verdorrt / ach Weh der grossen Müh/

Ach Weh der Herr ist da/und fodert solche Straffe.

Doch auff/der HErr ist auch dem Volcke wieder gut/

Mein werther Jephtha soll das schnöde Volck be-kriegen/

Und durch des Himmels Krafft die Wagenburg besiegen /

Die uns in Gilead so grossen Schaden thut.

Ach seht er geht voran/ ihr Männer folgt dem Helden/

In welchem Glück und Ruh mit hellen Strahlen lacht:

So bald ihr dieses Haupt zu euren Fürsten macht/

So bald soll euer Land von einem Siege melden.

Jeph.

Jeph. Ist dieses des Herren Wort?

Mich. Es ist desselben Wort/ der seinen Spruch nicht wird lassen in zweiffel ziehen.

Jeph. Es sey also / wir wollen der Sache besser nachdencken; Aber ihr Micha folget/damit euer Lohn nicht vergessen wird.

Mich. Mit aller Unterthänigkeit.

Jephta, Thola, Gerson, Micha gehen ab.

Erster Handlung/Zwölffter Auffzug.

Nabal. Thubal.

Nab. Nun der Schul-Oberste wäre verdient: Wenn ich nun auch etwas werden könte/ daß ich irgend eine Leviden *Præbende* davon kriegete/ darbey ich nicht viel arbeiten dürffte. Last sehen ihr Spielleute / habet ihr keine *Præbenden* Stücke mehr übrig.

Thub. Nein vor dießmahl nicht. Unsere Stücke gehören nicht vor gemeine Leute.

Nab. Siehe da Narr/wen hastu vor dir. Mache mir ein Stücke auff um Geld und um gute Worte/ oder ich musicire dir mit deiner Schuster-Pritsche um den Kopff.

Thub. Wo es bezahlet wird/ so will ich ein Stücke machen.

Nab. Ja ja Prophecenet mir nur was rechtes/ ihr sollet 12. vom 100. haben.

(Sie spielen ; Nabal macht wunderliche Springe/ endlich ruffet er mit zitternder und grausamer Stimme.)

Zeus

Zeuch Jephtha, zeuch / und schlag der Feinde
       Macht /
Der Sieg ist dein / die Tochter nimm in acht.
      (Thola kömt.)

Thol. Auff wessen Befehl entstehet dieser Tumult?
(Nabal springet noch immer herum / und wiederholet die vorigen Worte. Zeuch Jephtha, zeuch rc.

Thol. Ich will wissen / wer diese Freyheit gegeben
hat.

Nab. Zeuch Jephta, zeuch rc.

Thol. Das drittemahl werde ich mit meinen Stocke fragen.

Thubal. Ihr Excellenz ich bin mit meiner Compagnie genöthiget worden dem Herrn Platz-Inspector
etwas vorzuspielen / daraus hat er lernen Weissagen.

Nabal. Wer hat geweissaget? hab ich was geredt?
Ich gestehe nichts. Der Spielmann mag davor Rechenschafft geben.

Thol. Packet euch zusammen fort / es sind andere
Sachen / die meinem Gemüthe zuwieder seyn.
(Nabal geht mit den Spielleuten ab. Dodo
    kömmt.

Erster Handlung / Dreyzehender
Auffzug.

Dodo. Thola.

Dod. Werthester Freund / weiß ich noch nicht / ob ich
leben oder sterben soll.

                          Thol.

Thol. Mein Prinz soll leben. Doch Thamar soll ihrem Herrn Vater das Geleite geben.

Dod. O Himmel/ ich bin verlohren! Hat der Prophete nichts gegolten?

Thol. Allzuviel. Sein Ansehen hat dem gantzen Wercke einen solchen Ausschlag gegeben/daß nunmehr an der Reise nicht gezweiffelt wird.

Dod. So ist das Urtheil meines Todes schon abgefasst.

Thol. Wo Thamar nicht einen Spruch dagegen thut.

Dod. Dieses kan nunmehr nicht geschehen.

Thol. Der Liebhaber ist unbedachtsam/ der vor der Zeit verzweiffelt.

Dod. Die Verzweiffelung ist bedachtsam/wenn der Abschied vor der Thüre ist.

Thol. Thamar wird noch in der Galerie anzutréffen seyn/vielleicht hat sie noch einen Rath verborgen/der etwas gutes nach sich zeucht.

Dod. Ich gehe/und wenn ich den Befehl meines Todes aus ihrem Munde hören soll / so wird vielleicht der Schmertz desto angenehmer seyn.

Thol. Ich wünsche belieblichen Fortgang.

Erster Handlung/ Vierzehender Auffzug.

Thubal. Nabal.

Thub. Ich aber will bezahlet seyn.

Nab. Ich aber bin ein Ritter aus Ponto, der darff keinen Menschen bezahlen. Und ich habe mich auch

re-

resolviret/ daß ich die Gewonheit beständig erhalten will.

Thol. Eine schöne resolution! Aber das wollen wir euch weiß machen.

Nab. Macht es weiß oder schwartz/ wo nichts ist/da hat Herr Jephtha selber das Recht verlohren.

Thub. Wer nichts hat/ soll sich keinen Tantz bestellen.

Nab. Ihr tummer Kerl/habt ihr nicht selber Freude dabey gehabt?

Thub. Meine Freude mache ich umsonst. Aber vor eure Freude will ich Geld haben.

Nab. Meine Freude ist gar schlecht gewesen.

Thub. Das ist ein doppelter Undanck. Die Zahlung wird mir vorgehalten/ und in meiner Kunst soll ich mich schimpffiren lassen.

Nab. Ey was geht mich alles beydes an.

Thub. So geht es mich desto mehr an/und wer nicht mit guten will/ der soll mich wider seinen Willen bezahlen. Heraus ihr Pursche.

(Sie fallen den Nabal an/ ziehen ihm den Rock aus/ und lassen ihn endlich davon lauffen/und sie gehen gleichfalls ab.)

Der innere Schauplatz eröffnet sich/und præsentiret einen Garten.

Erster Handlung/ Funffzehender Auffzug.

Dodo. Thamar.

Dodo. Es ist unmöglich.

Tham. So darff ich seiner Liebe nicht trauen.

Dodo. Wie kan sich ein fremdder Printz mit einer Jüdischen Tochter vermählen?

Tham. Unsere Kirche wird keinem Fremden zugeschlossen

Dod. Doch haben die gebohrnen Jüden den Vorzug.

Tham. Nicht in meinem Hertzen.

Dod. Die väterliche Hoheit wird numehr etwas anders anordnen.

Tham. (ergreifft ihn bey der Hand.)
Vergebt mir/ liebster Printz/ daß ich etwas deutlicher rede/ als vielleicht meine Schamhafftigkeit ertragen kan: Mein Hertz ist versprochen/ und niemand soll mir den liebsten Dodo heraus reissen/ als der Tod.

Dod. Ich fange wieder an zu leben. Doch was soll ich vor einen Ausgang hoffen?

Tham. Der wird euer Klugheit anheim gestelt.

Dod. Schönste Thamar, warum werde ich so hoch versuchet?

Tham. Weiß eure Liebe keinen Außgang zufinden?

Dod. Keinen: Wo mir nicht vergünnet ist/ dem Herrn Vater im Kriege zufolgen.

Tham. Und eben dieses waren meine Gedancken.

Dod. Wolan Thola ist mir zugethan/ dem werde ich mein Glücke befehlen.

Tham. Ich sage noch dieses zu seiner Versicherung/ daß ihm die Frau Mutter gewogen ist: Und daß sie selbst verlanget/ unter seiner Begleitung in Eilead zu reisen.

Dod. O Hochgeschätzte Mutter einer schönen Tochter.

Tham. Allein diese Bedingung wird in acht zu nehmen seyn/daß der Herr Vater von unserm Vorhaben nichts erfahre/ehe sich die Gelegenheit dazu angiebet.

Dodo. Ich habe das Stillschweigen schon in der Kindheit gelernet.

Tham. Und also lebe er wohl/mein werthester Printz/ und lerne nunmehr lieben und schweigen/ sauer sehen und süsse dencken/ furchtsam hoffen und gewiß erwarten.

Dodo. Ich bin gehorsam/und befehle sie dem Schutze des allgewaltigen Himmels.

(Thamar gehet ab.)

Erster Handlung/ Sechzehender Auffzug.

Dodo. Malach.

Mal. Haben eure Gnaden was zu befehlen/ die Reise geht nun vor sich.

Dod. Mein Freund/ich bedancke mich vor das gute Anerbieten/vielleicht werde ich folgen.

Mal. Ohn Zweiffel wird der Magnet seine Kräfft an diesem unüberwindlichen Stahle erweisen wollen.

Dod. Ob ich von Stahle bin/ weiß ich nicht; aber das weiß ich wohl/ daß Thamar ein Magnet heissen möchte.

Mal. Die Liebe ist glückselig/welche sich mit Gleichnissen von dem Magnete belustigen kan. Es gehet auch

auch mein unterthäniger Wunsch dahin / daß dieser
Liebes-Zug zu einer anständigen Erfüllung gedeyen
möge.

Dod. Grossen Danck vor den Wunsch / laßt euch
nur dieses in Vertrauen gesaget seyn / Jephtha soll von
mir begleitet werden / und also werden wir auff der
Reise weiter zusammen kommen.

(Gehet ab.)

Mal. Eine wunderliche Schickung von dem verborgenen Himmel. Jephtha hat mich vor seinen ver-
trauten Freund auserkohren; Printz Dodo soll als
sein zukünfftiger Tochter-Mann dahin ziehen / da er
seine Liebe durch Tapfferkeit wird erkauffen müssen.
Doch ich werde vor der Abreise der Kammer-Jungfer auffwarten / und ihr etliche Worte in den Mund
legen / welche sie bey müßigen Stunden in der Frauen
Gegenwart wiederholen soll. Jephtha ist ein Fürst
worden / nun wird er müssen Fürstlich bedienet werden / und die angenehmsten Verrichtungen werden
durch geringe Mittels-Personen zu vollenden seyn.

Epha. (Kömmt.)

Sieh da Monsieur Malach, ist er schon hier. Er
vergebe meiner Unhöfligkeit / dafern er hat auff mich
warten müssen.

Mal. Es ist bekandt / daß sie die Auffwartung bey
einer Fürstlichen Person hat / derhalben kan man wohl
des Verzugs wegen Gedult haben.

Eph. Es ist nicht ohne / an vornehmen Orten giebt
es viel Beschwerung: Wenn ich nicht meine künfftige
C   Be-

Beförderung ansehen wolte / ich weiß nicht / ob ich mich zu einem solchen Dienste gebrauchen liesse.

Mal. Es wäre Schade / wenn ihre Qualitäten ausser dem Hofe solten verborgen seyn.

Eph. Es ist mir offtmahls leyd / daß ich gar zu klug bin. Denn also heist es darnach / wer viel kan / muß viel verrichten.

Mal. Es ist doch am besten / daß ihr die Verrichtung nicht sauer ankömmt: Es würde sich manche vornehme Jungfer aus hohen Stande glückseelig schätzen / wenn sie den halben Theil solcher Geschickligkeit bey sich haben solte.

Eph. Es sind himmlische Gaben / die lassen sich durch Wünschen nicht erlangen.

Mal. Aber dieses werde ich wünschen dürffen / daß meine hochwerthe Jungfr. in bewuster Sache bey Ihr. Durchl. gute Erinnerung thun möchte. Und ich würde so denn die versprochene Verehrung alsobald einliefern.

Eph. Es ist alles geschehen. Er soll in Qualität eines Hofe-Meisters mitziehn / und das erste Land-Gut / daraus der Besitzer mit Ehren kan verjaget werden / soll ihm an statt der Besoldung dienen. Er behalte es nur bey sich / und gedencke / daß Hoffen und Stillschweigen zu Hofe die gröste Tugend ist.

(Gehet ab.)

Mal. Ha / ha / ha / kan der hohe Geist ein elendes Mädgen nicht bald besitzen; Das elende Wasch-Mädgen / das vor 6. Wochen noch mit auffgeschürtzten Rocke / und auffgestreifften Armen den Acker-Leuten

ten einen Topff voll Hirsche-Muß auff das Feld tragen muste / ist nun auff einmahl einer Hof-Jungfer so
ähnlich worden / als wenn sich bey einer 80. jährigen
Hofemeisterin wäre in die Schule gangen. Ich möchte nur wünschen / sie wäre etwas demütkiger dabey/
denn wer sich zu Hofe gerne rühmen höret / dem ist die
Narren-Kappe schon zugeschnitten. Allein/ was frag
ich darnach/ will sie eine Hof-Narrin werden/ so wird
meine Charge nicht geringer. Gesetzt/daß sie das meiste darzu cooperiret hat. Genung/daß ich Hofemeister werde / wer bekümmert sich / ob mir ein Narr die
Bothschafft bringt.

Andere Handlung/
Erster Auffzug.

Machir. Hillel.

Mach. So haben wir nun den neuen Fürsten ein-
gewerhet.

Hill. Ja/ das Glücke hat nun eine Zwick-Mühle.
Thun es die Ammoniter nicht / so ist Jephtha gewiß/
der uns verfolgen kan.

Mach. Ey/ mein Freund/ diese Worte klingen
harte.

Hill. Vergönnet mir nur den Trost/ daß ich in
geheim nach meinem Willen reden darff/ weil ich doch
ins künfftige nach eines andern Willen werde leiden
müssen.

Mach. Ich versehe mich einer bessern Regierung.

Hill.

Hill. Der Mann ist gut genung / hätte er nur besser Ursache uns zu lieben.

Mach. Großmüthige Personen schämen sich der Rache.

Hill. Ja biß eine Gemahlin oder auch wohl ein schmutziger Diener darzwischen kömmt.

Mach. Unser Gehorsam muß solche Anschläge zu schanden machen.

Hill. Ach was soll der Gehorsam thun / der wird solche Anschläge befördern.

Mach. Ich hoffe etwas bessers.

Hill. Ich fürchte / ich fürchte. Hoffen und harren wird uns zu Sclaven machen.

Mach. Der Mann ist nicht klug / der uns einen Schaden weisen kan / aber wohl derselbe / der den Schaden zu verbessern weiß. Wäre es nicht mit unsern Lande auff die äusserste Gefahr kommen / so würde ein Bastart nimmermehr den Thron beschritten haben. Derhalben / wer aus Noth muß unterthänig seyn / der thue es nur gerne / damit ihm der Dienst nicht sauer ankömmt.

Hill. Ein schlechter Trost!

Mach. Wo man keinen bessern hat / da muß ein schlechter Trost der beste seyn.

Hill. Wohl dem / der sich damit befriedigen kan.

Mach. Der Mensch ist glückseelig / der aus allem Unglücke seine Zufriedenheit suchet. Und was wollen wir klagen / da wir nicht wissen / was unsere Gesandten aus der Ammoniter Lande vor Resolution mitbringen.

Hill. Je bessere Resolution zum Frieden / desto schlimmer vor uns.

Mach.

Mach. Mein Freund/ redet leise/ zu Hofe haben die Wände Ohren/ und die Thür-Pfosten lernen reden.

Andere Handlung/ Ander Auffzug.

Jephtha. Dodo. Thola. Jair. Machir. Hillel.

Jeph. Geliebter Printz/ eure Begleitung ist uns höchst angenehm gewesen/ und woferne die Abgesondten aus Gilead mit glücklicher Verrichtung zurücke kommen/ sollet ihr erkennen/ in was vor æstim ich solche Freundschafft gesetzet habe.

Dod. Durchleuchtiger Jephtha, meine Vergnügnung ist an berühmten Höfen auffzuwachsen/ und daselbst in ritterlichen Ubungen mein Schulrecht abzulegen. Inmaßen auch mein gantzes Vermögen zu dero Befehl und Belieben dargestellet wird.

Jeph. Nehmet meine Hand zum gewissen Pfande/ daß euch alles zu eigenen Belieben dienen soll/ so weit als unsere Landes-Gesetze solches erdulten können. Dech ist keine Nachricht von Abgesandten eingelauffen?

Thol. Durchlauchtigster Herr/weil sie keinen Curierer abgefertiget haben/wird ihre Ankunfft noch heute zu vermuthen seyn.

Jair. Ich besorge/die Antwort möchte schwerlich nach unserm Wunsche erfolgen.

Thol. Die Sache ist in anderm Stande/das wird auch an jener Seite andere Gedancken erwecken.

Jair. Der König ist jung und trotzig / der Feld-
Herr

Herr alt und geitzig / die übrigen Bedienten' stärcken
ten Herrn in der hochmüthigen Einbildung / den Jor=
don in seine Gräntzen zu schliessen/und also zweiffele ich
an grosser Enderung.

Thol. So müssen unsere Waffen eine Enderung
abnöthigen.

Jair. Und darzu wünsche ich des Himmels gnädi=
gen Beystand.

Dod. Ich will nicht allein den Wunsch / sondern
auch mein Blut zur Zinse geben.

Jair. Der Höchste lasse uns den Sieg auch ohne
dieses kostbare Blut zu statten kommen!

Jeph. Aber/was ist unter dem Volcke vor Anstallt?

Mach. Gnädigster Herr / es ist auff allen Fall die
Ordnung ergangen / daß aus dieser Stadt / Mann
vor Mann / euer Gnaden folgen soll.

Hill. Eben dieses ist an die umliegenden Städte
befohlen worden.

Jeph. Nur daß diesem Gebote durch schleunigen
Gehorsam begegnet wird. Denn wer das Vaterland
verläst/ dessen Haus soll schändlich verstöret / und der
Nahme zur ewigen Schande verfluchet werden.

Hill. (ad spect.) Ein schönes Zeichen der zukünff=
tigen Regierung / da manch unschuldiger Mann wird
sein Haus müssen zerstören lassen.

(Nabal kömmt gelauffen.)

Jeph. Sieh da Nabal, bist du schon wieder hier?

Nab. Nein/ ich bin noch bey den Kindern Ammon
im Wein=Keller.

Jeph. Da wirst du deine Expedition glücklich
ausgeführet haben. Doch/ wo sind die Abgesandten?

                                        Nab.

Nab. Sie bekümmerten sich nichts um meine Person/ drum war es mir/ als einem Complimentir-Secretario, nicht gelegen/ daß ich in ihre Acten gar zu tieff gucken solte.

Jeph. Gleichwohl kommet dieses mit deiner Bestallung nicht überein.

Nab. Wenn die Herren Gesandten kommen/ so wollen wir von der Bestallung reden. Ich halte/ die Verrichtung wird auff allen Theilen nicht die Reise-Kosten werth seyn.

Jeph. Mache die Erzehlung kurtz.

Nab. Herr/ da wäre ich der ärgste Fantaste von der Welt/ daß ich böse Zeitungen bringen solte. Ich will das Schweißbad einem andern gönnen/ der sich etwas weniger schämen darff.

(Laufft davon.)

Andere Handlung/ Dritter Auffzug.
Gerson und Elon kommen.

Jeph. Wohl/ wohl/ diese Personen werden verlanget.

Gers. Lange lebe unser Durchl. Fürst.

Elon. Und lange dienen ihm die jenigen/ welche anietzo in ihren Diensten unglückseelig gewesen.

Jeph. Was höre ich/ ist unser Zweck nicht erreichet worden?

Gers. Mit übermüthigen Personen ist wenig zu handeln.

Elon. Und wo zu viel gefodert wird/ da sind alle Vorschläge zum Friede verdorben.

Jeph. So müssen wir zu den Waffen greiffen.

Gers.

Gerf Es folgen uns zwey Gesandten / was dieselben vor Instruction mitbringen/und ob sie uns die Ehre des verwilligten Friedens mißgönnen / solches wird
aus ihrem Munde zu vernehmen seyn.

Jeph. Sy mögen sie alsobald zur Audienz gelassen werden.

(Thola und Gerson gehen ab.)

Elon. Ist es wahr / daß Hoffarth und Ubermuth
vor dem Falle hergehet / so haben die Kinder Ammon
einen gebähneten Weg zu ihrem endlichen Untergange.

Nabal. (Kömmt gelauffen.)

Herr es sind frembde Leute da / gebet doch Befehl
an den Keller-Meister / daß er die grossen Humpen
ausspielet; Denn es ist einer unter dem Hauffen/ der
hat mir solche Ehre angethan/ dargegen ich 6. Tage
vor Freuden Hunger leyden möchte.

Jeph. Werinn bestund die Ehre?

Nab. Er führte mich in das Zeug-Haus/und wieß
mir Spiesse / Degen/ Bogen/ Schilde/ Schleudern/
und was des Bettels mehr war: Da kriegte ich Sachen zu sehen / eine Kammer hatte mehr Vorrath / als
alle Städte in Gilead.

Jeph. Einfältiger Tropff / bestehet die Ehre darinnen / daß du uns durch solche Erzehlung solst furchtsam
machen? Was hilfft mich eine Kammer voll Musica-
lischer Instrumente/darzu keine Spielleute vorhanden
sind. Und was helffen mich die Waffen/wo keine Soldaten im Lande leben / die sich auff dergleichen Hand-
werckszeug verstehen.

Nab.

Nab. Ey laſſet mich doch ausreden : Die rechte
Ehre ſoll noch kommen. Denn ſie führten mich in eine Kammer/da war ein Ding von Gold-und Silber-
Ertzt gemacht / als wie ein Berg / das ſolte ich austrin-
cken : Oder wenn ſich meine nüchterne Seele davor
entſetzte / ſo ſtund mir frey/ ein kleines Bechrigen zu er-
wehlen. Ich wolte höfflich thun/ und nahm das kleine/
ſo gerne als ich bey der groſſen angebiſſen hätte. Aber
es ſteckten ein halb Schock Rieſen-Finger-Hüte uber-
einander/ und die wurden mir ſo getreulich in die Gur-
gel hinein gejaget/daß ich nicht weiß/wer mir den Weg
zur Thüre hinaus gewieſen hat.

Jeph. Sie haben einige Heimligkeiten von dir erfahren wollen. Doch/ ſie werden ſich über den Wein
beklagen / welchen ſie vielleicht anderswo beſſer ange-
wendet hätten. Jetzo gehe/ und halte Inſpection
über den Platz/ wenn die Geſandten auffgeführet
werden.

Andere Handlung Vierdter Auffzug.

Thola. Gerſon. Kedar. Hadad.

Ked. Auff allergnädigſten Befehl des großmächti-
gen Königes der Ammoniter/ und auff gebührendes
Anhalten der Geſandten aus Gilead erſcheinen wir/
um/ nochmahls zu veruehmen/ warum höchſtgedachte
Königliche Majeſtät in dero wohlgegründeten Rechte
ſollen hintan geſetzet werden.

Jeph. Die Ceremonien werden ziemlich kurtz an-
gebracht / und hierinnen wird unſern Abgeſandten
nicht

nicht nachgefolget. Sollen wir aber nicht nachfragen/
warumb ein König unser Land mit unbilligem Kriege
beziehen will.

Ked. (ad spect.) Wenn ein Gesandter auff diese
Frage antworten soll/so muß er sitzen.

(Sie ziehen die Röcke aus/ und setzen sich darauff.)

Ked. Ist es unverboten/ das seinige durch Krieg
zu suchen.

Jeph. Wie reimet sich die Antwort zur Frage?

Ked. Haben die Kinder Israel nicht von Arnon
biß an Jabock/ und ferner biß an Jordan alles an sich
gebracht/ und wird uns solches Eigenthum nicht un-
verantwortlicher Weise vorbehalten?

Jeph. Wer vor 300. Jahren an diese Prætension
gedacht hätte/ der möchte noch einen Schein gefunden
haben/die Sache zu beschönen. Nun werden wir uns
aus der wohlfundirten Possession nicht vertreiben
lassen.

Had. Dreyhundert Jahr Unrecht ist auch nicht eine Viertelstunde Recht.

Jeph. Wer aber sein Recht in 300. Jahren nicht
verfochten hat/ der mag im vierdten Seculo mit seinen
verlegenen Grillen zu Hause bleiben.

Ked. Ein König ist im Gewissen verbunden/ sein
Königreich in alten Gräntzen zu erhalten.

Jeph. Warumb wird aber solcher Gewissens-
Scrupel erst so langsam empfunden?

Ked. Ein Staats-Mann muß offt wider seinen
Willen schweigen: Aber wider anderer Leute Willen
fängt er auch an zu reden.

Jeph.

Jeph. Doch in ſolcher Rede muß die Gerechtigkeit
die Wagſchale führen.

Had. (entrüſtet.)

Und was ſuchen wir anders/als Gerechtigkeit?

Jeph. Sihon/ der Ammoniter König/ ward durch
unſerer Vorfahren gerechte Waffen vertrieben: Nun
wird uns die Gerechtigkeit keine Reſtitution abfor-
dern.

Ked. War Sihon ungerecht/ als er ſeine Gräntzen beſchützte?

Jeph. War Sihon gerecht/ als er uns die freye
Straſſe verbieten wolte?

Had. Warum nicht? Er hatte von dieſen Gäſten
gute Kundſchafft eingezogen.

Jeph. Indeſſen ſegnete GOtt den Ausgang.

Ked. Jetzo kan der Ausgang auff unſere Seite ge-
ſegnet ſeyn.

Jeph. So will ich vor dem gerechten Himmel pro-
teſtiren/ daß wir an dieſem Streite und an dieſem
Blutvergieſſen keine Schuld haben/und daß alles von
euern Köpffen gefodert werden.

Ked. Es iſt Zeit/ daß ihr inne werdet/ was Cha-
mos und Melech vor Götter ſind.

Jeph. Vor dieſen Göttern wollen wir nicht er-
ſchrecken. Iſt euch aber keine andere Reſolution mit
gegeben worden?

Ked. Nein. Entweder das Land abzutreten/ oder
die äuſſerſte Hoſtilität zu erwarten.

(Sie ſtehen auff.)

Jeph.

Jeph. So mag der Herr das Urtheil fällen/ich will
das Meinige wagen / und in kurßer Zeit erweisen / daß
in Israel noch Helden sind / welche euch und euern
hochmüthigen Tyrannen die Hälse brechen sollen.

(Jephtha, Machir und Hillel gehen ab / die
Gesandten stellen sich auch/als wolten sie
folgen.

Thol. Beliebet dem Herrn Abgesandten seinen
Rock zu nehmen.

Had. Es ist nicht Manier/daß ein Königlicher Ab-
gesandter seinen Stuhl selber nachträgt.

Ked. Und wir wollen in diesem Lande noch Röcke
genung verdienen.

Had. Auch Knechte genung haben / die uns die
Stühle nachtragen sollen.

Thol. Wohlan/ es gilt einen Maul-Esel mit einem gestickten Sattel / wer sich in des andern Lande
am ersten wird kleiden lassen.

Gers. Und ich wette um einen Egyptischen Sessel
mit Smaragden verseßt/ wer sich in des andern Lande
am ersten wird nieder seßen.

Had. Die Ammoniter streiten nicht mit Worten/
aber der schwache Troß soll noch mit Schmerßen be-
reuet werden.

(Thola und Gerson gehen ab.)

Andere Handlung/ Fünffter Auffzug.

Ked. Die Schäffer-Knecht sind muthig.
Had. Sie haben noch keinen Wolff gesehen.

					Ked.

Ked. Der soll ihnen bald vorgestellet werden. Doch mich bedüncket / der neue Fürst wird nicht erschrecken. Er scheinet mir allzu tapffer.

Had. Was soll aber seine Tapfferkeit durch schnöde Soldaten ausrichten.

Ked. Ach wie offt werden schnöde Soldaten durch einen tapffern General angefrischet.

Had. Dieses geschicht alle 1000. Jahr einmahl.

Ked. Die vorigen Zeiten erweisen ein anders.

Had. Endlich darff kein geringer Feind verachtet werden. Immittelst sind wir noch im Lande / man suche Gelegenheit die Hertzen zu gewinnen.

Ked. Der Rath ist gut / doch die Zeit ist kurtz / und der lange Verzug kan uns tödtlich seyn.

Had. Ein Gesandter kan sich auff das Völcker-Recht beruffen.

Ked. So lange er selber das Völcker-Recht nicht gebrochen hat.

(Nabal kömmt.)

Andere Handlung/ Sechster Auffzug.

Had. Dieses läst man nicht unter die Leute kommen. Siehe da / solte wohl hier eine Person nach unserm Willen zu accommodiren seyn.

Nab. Heysa / nun giebt es frisch Geld auff die Hand. Heraus ihr Pursche / wo ihr Lust und Liebe zu dienen habet / es ist ein Krieg vor der Thüre / da lauter Pfeffer-Kuchen und Butter-Semmeln wider die Nasen fliegen werden.

Had. Meine Dienste dem Herrn / er verzeihe mir / wo ich irre / sind wir nicht im Lande Tob mit einander be-

bekant gewesen/ und darff ich mich deswegen seiner
Gesundheit erfreuen

Nab. (ad spect, der Kerl hat Glücke/daß ich gleich
von Butter-Semmeln rede/also kan ich nicht böse seyn:
Sonst wolte ich ihm eines vom Stahle und Eisen vor-
schwatzen. (ad Hadad) Es kan seyn/daß mir der Herr
einmahl auff dem Marckte begegnet ist/ denn unser einer hat das Ansehen vor andern Leuten.

Had. Ach nein/ ich halte davor/ daß wir in nähere
Compagnie mit einander gerathen sind/ und weil ich
noch in den Gedancken stehe/ so will ich/zu Erneuerung
unserer Freundschafft/ihme dieses güldene Stirn-Band
verehret haben.

Nab. (ad spect.) Ich muß doch in voller Weise mit
dem Kerlen geredt haben. (ad Hadad) Ja/ ja/ ich be-
sinne mich gar wohl/ daß wir einen Rausch mit einander truncken. Aber wie kommet ihr ietzo auff die Un-
gelegenheit/ denn wo ich alles recht ansehe/ so seyd ihr
ja unser Feind?

Had. Ach einfältiger Mensch/ warum solten wir
euch feind seyn? Es ist uns leyd/ daß ihr uns keine Gelegenheit zur Wolthat wollen offen lassen.

Nab. Warum fangen wir aber Krieg an?

Had. Darum/ daß ihr von euern Aeltesten zu solcher Thorheit gezwungen werdet.

Nab. So wollet ihr uns lauter solche Geschencke
geben?

Had. Das soll nur ein Schatten davon seyn.

Nab. So müssen eure Leute gute Tage haben.

Had. Und eben dieses macht uns solchen Kummer/
daß ihr die guten Tage nicht haben wollet.

Nab.

Nab. Ihr ehrlichen Herren / verzeihet mir / daß ich wider euch habe wollen in den Krieg ziehen: Dieses Geschencke träget mehr aus / als meine gantze Platz-Inspector-Gage.

Had. Dessentwegen möget ihr immer in Krieg ziehen / es soll euch an der Verehrung nichts abgebrochen werden.

Nab. Nein / nein / ich werde an meinen Wohlthätern zu keinem Mörder.

Had. Ey / in dem Kriege könnt ihr uns die beste Wohlthat erweisen.

Nab. Aber wenn ich euch den Rest gebe / wie ich denn im Kriege so zornig bin / daß ich keines Menschen verschone / wer giebt mir darnach einen Brieff über gute Tage?

Had. Ihr dörfft nur pro formâ mit hintreten / und wenn der Handel recht angeht / mögt ihr mit euren Untergebenen davon lauffen / und die andern in Confusion bringen. Heist dieses nicht geholffen? Und solte unser allergnädigster König diesen Dienst nicht mit einer Pension von tausend Silberlingen belohnen?

Nab. Ich verstehe es / wo ihr Parol halten wollet / so bin ich bereit zum ausreissen.

(Geben einander die Hände.)

Had. Also bleibet es dabey.

(Hadad und Kedar gehn ab)

Nab. Du artiges Stirn-Band / bist du nun in meine Hände kommen? Gewiß / ich werde in dem Kriege treff-

trefflich funckeln / und wer weiß / ob es nicht solt ein
Wahrzeichen seyn/ dabey mich die Ammoniter kennen
sollen / sonst möchte doch wohl ein plumper Schelm
einen verlohrnen Poltzen auff meine Courage schies-
sen / daß ich darnach meiner Parol zuwider nicht davon lauffen könte.

(**Er versucht das Stirn-Band/und agiret
possirlich damit.**)

Aber sind das nicht possirliche Zeiten ! vor alters kon-
ten die ehrlichen Leute mit Fechten und Streiten kaum
einen Zippel-Peltz verdienen / nun soll ich davon lauffen / daß ich einen Purpur-Mantel tragen darff.
Wohl dem/der eine solche Charge die Zeit seines Lebens bedienen kan / denn wo er nicht über die Pan-
toffeln stolpert/ und im Lauffen zu Tode fället/ so wird
er schwerlich auff Soldaten Manier begraben werden.　Doch wie dem allen / ich will meine Compagnie werben/ daß ich im Ausreissen etliche Nachtreter
habe.

(**Gehet ab.**)

Andere Handlung Siebender Auffzug.

Joseba.　Thamar.

Jos. Ich will es wissen.
Tham. Liebste Frau Mutter / es war nichts.
Jos. Es war ein Brieff.
Tham. Es war nichts.
Jos. Und gleichwohl gabst du ihm etliche Küsse.
Tham. Ach Frau Mutter/ sie frage nicht darnach.
　　　　　　　　　　　　　　　　　Jos.

Jos. Ich werde mir gewiß die Fragen von der Tochter vorschreiben lassen.

Tham. Liebste Fr. Mutter / hat sie mich in bösen Verdacht?

Jos. Du bringst mich darzu.

Tham. So bleib ich drauff/es war nichts.

Jos. Ich will etwas finden.

(Sie greiffet ihr nach dem Busen/und zeucht einen Brieff daraus.)

Tham. Ach Fr. Mutter!

(Sie greifft darnach / und will ihn nicht folgen lassen.)

Jos. Ich muß darnach sehen.

Tham. Ach! ich will es sagen: Printz Dodo.....

Jos. Was thut Printz Dodo?

Tham. Printz Dodo hat mir ein Schertz-Lied von seiner Liebe zugestellet/ solches habe ich vor andern Leuten verbergen wollen.

Jos. Ist es nicht mehr als dieses / so war deine Furcht vergebens. Denn so wohl mir seine Affection bekand ist/ so wenig begehre ich deinen Sinn davon abzuhalten.

Tham. Aber des Herrn Vaters Sinn ist noch ungewiß.

Jos. Drum heist es / halte hinter dem Berge / biß die Gelegenheit zu Tantze bläst.

Tham. Und eben dieses hat er in dem gedachten Liede vorgeschrieben.

Silpa. (kömmt.)

D   Ent-

Gnädigstes Fräulein / der Musicant ist in dem Vorgemach.

Jos. Und was soll der Musicant?

Tham. Ich gab ihm Befehl / er solte mir dieß Lied
in die Music setzen; Beliebet es nun der Frau Mutter / die Melodey anzuhören / so kan er herein gelassen
werden.

Jos. Es soll mir nicht mißfallen.

Thubal. (kömmt.)

Gnädigste Prinzeßin / die Melodey ist fertig / ob sie gerathen ist / dazu wird dero Durchlauchtiges Urtheil
von nöthen seyn.

Tham. Nun so last mich zuhören.

Thubal. (singet.)

1.

Ich hab ein Wort geredt / mein Kind / ich liebe
dich:
Doch bistu mir geneigt / so dencke nicht an mich:
Ja / wenn du dencken wilst / so fang es heimlich an /
Daß niemand / ausser uns / die List verstehen kan.

2.

Die Liebe will annoch bey uns verschwiegen seyn /
Drum schleuß die gantze Lust in deinem Hertzen
ein /
Und ist es dir ein Ernst / daß ich dir dienen soll /
So brauchts es schlechte Müh / nur lieb und schwei-
ge wohl.

3. Die

Die Welt ist gar zu schlau/ich traue keiner Wand:
Derhalben bleibe mir von aussen unbekand:
Begehre keinen Blick/ und keinen Liebes-Gruß/
So lang ich in geheim der Leute spotten muß.

4.

Die Wachen sind bestellt/ sie wollen etwas sehn;
Doch ihnen zum Verdruß soll nicht ein Tritt ge-
schehn!
Genung daß du/ mein Kind/ also versichert bist/
Daß die Zusamenkünfft nicht groß von nöthen ist.

5.

Vielleicht erscheinet bald der angenehme Tag/
Daß mein verborgner Sinn sich recht erklären
mag:
Da soll die schöne Lust/ als wie der Sonnen-
Schein
Der auff den Regen folgt/ gedoppelt lieblich seyn.

6.

Anietzo laß mich noch in meiner Einsamkeit/
Und habe neben mir die kurtze Fasten-Zeit.
Denn soll ich jetzo nicht in deinen Armen ruhn:
So will ich meine Pflicht doch in Gedancken thun.

Jos. Wer das Lied gemacht hat / der hat nichts
vergessen.

Tham. Und desto mehr hat die Frau Mutter Ursache mich zu entschüldigen / weil ich dem Befehle nachkommen wolte.

D₂   Jos.

Jos. Die Sache entschuldiget sich selbst/ und Monß Thubal hat den Ruhm/ daß er meine Versöhnung besungen hat.

Thub. Euer Durchlauchtigkeit machen durch dero Fürstliche Gnade meine geringe Sachen kostbar.

Tham. Nun/ die Melodey ist wohl gerathen/ die versprochene Vergeltung soll heute noch folgen.

(Thubal geht ab/ Nabal kömmt.)

Andere Handlung/ Achter Auffzug.

Nab. Wie vergessen wird ein Welt-Mann/ der etwas zu verrichten hat. Ich war im Begriff/ meine Werbung durch offentlichen Drummelschlag anzufangen/ und da ich meine Kleidung recht besehe/ so fehlt mir ein Band auff die Krause. Nun ist es bey uns Soldaten so Herkommens/ daß solcher Zierrath von einem Frauen-Zimmer muß verehret werden/ also wird Jungfer Silpa dran müssen?

Jos. Was ist hier zu thun/ Nabal?

Nab. (ad spect.) Das ist die rechte Jungfer nicht.

Jos. Bekomme ich keine Antwort?

Nabal.   (besinnet sich etwas.)
Ich wolte meine Eselshaut suchen.

Jos. Die Esel tragen sonst ihre Decken mit sich.

Nab. Aber ein Mensch kan seine Schreibe-Taffel/ von Eselshaut/ wohl verliehren.

Jos. Siehe da/ haben wir einen neuen Schreiber bekommen?

Nab. Wenn ich Volck werben soll/ so müssen die geworbenen Knechte in eine richtige Rolle kommen.

Jos.

Jos. Du wirst eine schöne Esels-Compagnie zusammen bringen. Aber wer läst Volck werben.

Nab. Ist nicht der Krieg wider die Ammoniter resolviret? Hat nicht Herr Jephtha das Land-Volck auffgebothen? Aber es ist leicht ein Wort geredet/und ein Soldate versäumet.

(Laufft hinein.)

Jos. Hilff GOtt! ist dieses die Ursache/daß ich meinen Gemahl den gantzen Tag nicht gesehen habe?

Tham. Ach wie viel besser wäre der Friede.

Jos. Du hast meinen Sinn. Doch/ ich gehe/und erforsche die Warheit.

(Gehet ab.)

Andere Handlung/Neundter Auffzug.

Tham. O mehr/ als grosses Schrecken/ vor eine angehende Fürstliche Princeßin: Mein geliebter Herr Vater giebt sich in Gefahr seines Lebens/und wie kein Zweiffel ist/ so wird derselbe das Leben gleichfalls verachten/ um dessentwillen ich den Herrn Vater selbst verlassen wolte.

Dodo.   (kömint.)

Schönste Thamar, darff ich so kühne seyn/ mein Wort zu brechen?

Tham. Wie mein Printz? Das Wort der Liebe?

Dod. Nein/das Wort der verstelleten Einsamkeit.

Tham. Wer das Gesetze giebt/der mag es wieder brechen.

Dod. Und ich konte die fröliche Zeitung in meiner Brust nicht verborgen halten.

D 3   Tham.

Thám. Ich erfreue mich schon / eh mir die Sache bewust wird.

Dod. Der Herr Vater hat den öffentlichen Krieg resolviret / und ich soll an seiner Seite mit zu Felde gehn. Weil ich nun die feste Hoffnung habe / es werde meine Tapfferkeit schöne Gelegenheit finden / so wird mir die Vollziehung meines Verlangens desto leichter werden.

Tham. Ach ist dieses die fröliche Zeitung / daß ich meine Freude gleichsam auff das Spiel setzen soll?

Dod. Wo wir nichts auffsetzen / so werden wir nichts gewinnen.

Tham. Gleichwohl müssen wir uns auch vor den Schaden fürchten.

Dod. Die Tugend überwindet alles.

Tham. Die Liebe ist stärcker als die Tugend.

Dod. Doch ist sie der Tugend nicht zuwieder.

Tham. Ich sehe wohl / daß ich zu keinem Glücke gebohren bin.

Dod. Sie soll ein ungewisses Unglück fürchten / damit wir zu unsrer gewissen Vergnügung schreiten können.

Tham. So lebe er denn wohl / und schone seiner selbst / wofern er nicht gegen seine andere Helffte will grausam seyn.

Dod. Ich will mit des Himmels Hülffe das Jubel-Fest über meinen bevorstehenden Sieg an ihrer Seite begehn: sie secundire meine Tapfferkeit durch eiffrige Wünsche.

(Gehet ab.)

Tham.

Tham. Mehr kan ich auch nicht leisten.

(gehet weinend ab.)

(Der innere Schauplatz wird zugezogen.)

Andere Handlung/Zehender Auffzug.
Nabal. Tophet.

Nab. Nu frisch auf Camerade! schlage die Drummel recht nach der Kunst/daß wir künstliche Soll aten werben.

Toph. Mein Leder soll sich maussig genug machen/ seht nur/daß euer Beutel mit dem Gelde zulangt.

Nab. Siehe da/ Jean Tambour, kanstu auch mit einem Officirer reden? doch stimme an.

(Er drummelt/ Hika, Heka kommen.

Nab. Hälte das Maul mit deiner Drummel/es gehet was vor: dort sind Vögel/ die wollen wir mit der stille Music fangen.   Glück zu ihr Pursche/ wo hinaus?

Hika. Wir sind ehrliche Schalmeyer/ und suchen unser Brod unter den Leuten.

Nab. Ey/ ihr lieben Freunde/ihr kommet zu einem rechten Liebhaber/ kan ich nicht die Pröbe hören?

Heka. Wir machen keine Probe/ man muß uns recht hören.

Nab. Ihr verstehet mich nicht. Es ist ein Gelach vor der Thüre/ darzu soll ich die Music bestellen. Drum gehe ich herum und koste die besten Künstler aus. Sa/blaset auff/da sind zwey Orts Silberlinge:

Hi-

Hika. Nu drauff giebt es ein Stückgen.

(Sie blasen.)

Nab. Das ist ein lustiger Anfang zum Kriege. Da habt ihr das versprochene Geld.

Heka. Es wäre nicht von nöthen / wir sagen Danck.

Hika. Braucht uns der Herr / so wollen wir in der langen Gasse / neben dem güldenen Flederwische / anzutreffen seyn.

Nab. Warum wollet ihr nicht dableiben?

Heka. Vor dißmahl kan es schwerlich seyn.

Toph. Was? Ihr Hunde / wollet ihr davon gehen? Wisset ihr nicht / daß wir Werber seyn / und daß ihr Herrn=Geld auff die Hand genommen habt?

Hika. Ey / wir haben das Geld mit Pfeiffen verdienet.

Toph. Hast du das Geld mit Pfeiffen verdienet / so magst du es mit Drümmeln verzehren. Herein / oder ich will deinen Kopff und deine Ribben anderthalb Meilen von einander werffen.

Heka.   (zu Nabal.)
Herr / man thut uns Gewalt.

Nab. Geht immer hinein / sonst kömmt erst die Gewalt.

Heka. Aber soll ich Weib und Kinder verlassen?

Nab. Narr! ein Soldate findet allenthalben Kinder zu ernähren.

Toph. Nu / wie lange wärths / sagt nein oder ja / sonst will ich mit 30. Mann über euch kommen / die sollen andere Mittel ergreiffen.

                                        Hik.

Hik. Wenn wir bey unserer Profession bleiben/
wollen wir es doch auff ein Jahr versuchen.

Nab. Ich bin zufrieden/ ihr solt meine Regiments-
Trompeter seyn. Und damit die Bestallung, in keinen Zweiffel gezogen wird/ so last mich noch eines hören.

(Sie blasen und drummeln zusammen/hier-
auff fängt Topher an zu ruffen.)

Toph. Hat iemand Lust und Liebe dem Durch-
Fürsten/ Herrn Jephtha, obersten Regenten in Gilead, zu dienen/ unter dem Commando Monf. Nabals von Nabals-eim/ hochbestallten Quartier-Mei-
ster zu Roß und Fuß auff Maul-Eseln/ der melde sich
heute im Wirths-Hause zur silbern Mäusefalle an/ er
soll 40. Silberlinge auff die Hand/ neben einer guten
Mundierung/ erhalten.

(Sie blasen und drummeln.)

Ziba.   (kömmt.)

Nun wird der Bettel-Tantz wieder angehen mit
den Einquartirungen. Denn wo die Soldaten in das
Land kommen/ da muß der Bauer die meisten Haare
lassen. Das Geld ist bey diesen schweren Zeiten ohne
dem dünne gesäet/ und die Alten sind alle gestorben/die
Schätze gefunden haben.

Nab. Halt/halt/du sollst bald einen Schatz finden.

(Wirfft Geld in den Weg.)

Ziba. Ja/ in/ meine Kälber sind verkaufft/ die
Lämmer brauche ich selber. Verstoße ich die Käse/

D 5   so

so muß ich vor die Soldaten Butter kauffen. Doch siehe da / einen guten Fund ! Wer muß das artige Stücke verlohren haben. Nun wer alle Tage das Glücke sechsmahl hätte / der möchte endlich die Gäste im Quartier nicht achten.

Tophet. Halt Bruder / was hastu?

Zib. Was werde ich haben / da griff ich nach einem Maulwurffe.

Toph. Sage an / oder ich greiffe nach einer Maulschelle.

Zib. Ihr junger Lecker / laßt ihr mich auffheben / was ich will.

Nab. Was expostulirt der Vogel? Hastu nicht Herrn-Geld angegriffen? Du bist unser / oder kein Mensch soll ein Stücke von dir kriegen / das eines Fingers lang ist.

Zib. Ach ihr Herren / da ist euer Geld.

Nab. Und da ist unser Soldate.

Zib. Was wollet ihr mit einem tummen Bauer machen?

Nab. Wir wollen ihn alle Tage prügeln / biß er klug wird.

Zib. Auf die Weise wolte ich lieber davon bleiben.

Nab. Was / wilstu deinen Willen brauchen? Heerpäucker führet ihn hiein / und lehret ihn / was Soldaten Manier ist.

(er führet ihn hinein.)

Chud. (kömmt.)

Ich höre / es ist ein neuer Fürst im Lande worden / und da wird es ausser allen Zweiffel etwas neues von

Hofe

Hosse-leuten geben/die Laqvayen bedürffen; Drum
möchte ich einen guten Vorsprecher antreffen/ daß ich
meinen Meister in kurtzer Zeit braviren könte. Ein
Schneider ist in keinem Lande verdorben/ als wo die
Leute nackend gehen. Doch was ist dieses vor ein
Herr?

Nab. Was ist euer Begehr/guter Freund?

Chud. Mein Herr/ ich suche Dienste.

Nab. Wollet ihr ein Soldate werden?

Chud. Nein/ich wolte es erst mit einem Laqvayen
versuchen.

Nab. Ey/was ist ein Laqvay? Wenn ich 20. Laqvayen schuldig wäre/ und bezahlte mit einem Solda-
ten/ so kriegte ich noch einen halben Silberling wieder.

Chud. Ja/es wäre wohl eine Sache/ wer etwas
rechtes auff die Hand kriegte.

Nab. Seht hier; Wollet ihr 40. Silberlinge ha-
ben/ so steht euch ein Maul-Esel mit Sattel und Zeug
parat.

Chud. Ich dürffte bald ein Handels-Mann werden.

Nab. Nun Bruder nimm Geld/ es ist so ein gereisse um mich: in einer Stunde möchten die Stellen
besetzet seyn.

Chud. So gebt doch her.

(Nab. gibt ihm ein Stücke.
Siehe da hastu genung.

Chud. Nein /ich habe nicht genung.

Nab. (Schlägt ihn so lange mit dem Stocke / biß er sagt/ ich habe genung.)

Heer-

Heerpäucker/hier ist wieder einer/führt ihn hinein.
      (Er wird hinein geführet.)
    Schual.   (kömmt.)

Ich weiß nicht/wie sich das Glücke so verkehret hat. Wir dachten / die Ammoniter würden uns mit Haut und Haar fressen; Aber ich habe ietzo einen Vogel hören singen / es möchte den guten Kerlen schrecklich übel gehen.

(Tophet stecket ihm heimlich Geld in den Kober.)

Ja/ja/meine alte Mutter hat in 8. Tagen vor Hertzeleid keinen Bissen gefressen; Ich weiß/wenn sie die gute Zeitung erfährt / so frist sie ein Groschen= Brod auff einmahl.   Denn ein Bauer läst alles gern über sich gehen / er nimmt auch mit Butter = Milch und Quarck=Molcken vorlieb/wenn es nur Friede im Lande bleibt.

    Toph. Halt Bruder / wo hinaus mit dem Herrn=Gelde.

    Schual. Ey / wo solte ich zum Herrn=Gelde kommen? Die Contribution hat mich in der Stadt so ausgebeutelt/daß ich nicht einen Heller mit heimbringe.

    Nab. Seht dem Schelmen nach den Kober.

    Toph.   (reist ihn ab.)
Da finde ich einen halben Silberling.

    Nab. Hast du Geld genommen/ so bist du unser.

    Schual.   (wirfft den Kober weg.)
Ey/Kober hast du Geld genommen? so zeuch mit in Krieg/ ich habe damit nichts zu thun.
        (Geht ab.)
                          Nab.

Nab. Nu das ist ein Schelme / der hat mich betro-
en ; Kommt noch einer/der soll auch sehen/daß ich auff
ie Werbungen ausstudiret habe.

Canaan. (kömmt.)

Ach mir ist so warm ! Uns Kauff-Leuten wird das
ißgen Nahrung wohl blutsauer: Wer doch nur ein
utes Wirths-Haus wüste / da man sich erfrischen
önte.

Nab. Wo hinaus / mein Herr / kehret er nicht hier
in ?

Can. Ich weiß nicht/ob es was zu trincken gibt.

Nab. Ha/ha/zu trincken genung. Meine Dienst
em Herrn.

(Er trinckt es ihm zu.)

Can. Grossen Danck.

(Er nimmt es;)

Er gebe mir / ich bin durstig / ich schlage die Wohl-
hat nicht ab.

Nab. Woher des Landes ? Gewiß über den Jordan her ?

Can. Ja/ich reise der Kauffmanschafft nach.

Nab. Ein Kauffmann ? Es gilt auff Bruderschafft.

Can. Ich bin der Ehre unwürdig.

Nab. Aber ich gönne ihm die Ehre von Hertzen / er
hue mir nur Bescheid.

Can. Nun / ich lasse es geschehen. Eine reisende
Person macht alles mit.

(Sie trincken.)

Nab. Aber er bringet mirs auff Bruderschafft.

Can. Ja/ auff Bruderschafft.

Nab.

Nab. So/ so/ haſtu mit den Soldaten Bruder-
ſchaſſt gemacht/ ſo biſtu unſers Geſchlechts.   Herr
paucker führe mir dieſen Cameraden hinein.

Can. Ey was ſoll das bedeuten?

Toph. Es bedeutet eine Manier/ die du noch lernen ſolſt/ komm du nur ins Hauß mit.

(Sie gehn ab.)

Andere Handlung/ Eilffter Auffzug.

Malach. Hillel.

Mal. Ich erfrewe mich über dieſer Zeitung.

Hill. Ich wolte nicht gerne / daß eine ſolche Lügen
wahr würde.

Mal. Jephtha iſt ein Fürſt worden/ und wo kan er
ſeine Princeßin Tochter beſſer verſorgen/ als wenn ſie
einen Fürſten in die Armen bekömt.

Hill. Die Schwägerſchafft mit den Außländern
hat ſelten gut gethan.

Mal. Unterdeſſen muß ein jedweder ſeines gleichen
ſuchen.

Hill. Wie lange iſt es/ daß der liebe Jephtha nicht
mehr unſers gleichen iſt?

Mal. So lange/ als ihr furchtſamen Gileabiter
einen Fürſten habt.

Hill. Ich habe mein Votum nicht darzu gegeben.

Mal. Herr Jephtha wird ſich wenig um das Votum bekümmern/ wenn nur an dem Gehorſam kein
Mangel iſt.

Hill. Mann könte wohl gehorſam ſeyn: aber warum ſoll die Princeßin einen Ausländiſchen Liebſten
be-

bekommen? Der unbeschnittene Hund ist nicht werth/
daß er mit uns sauffen soll; Und soll eine Jungfer küs-
sen/ die den Fürsten-Stand mehr verdienet hat/ als
ihr eigener Vater.

Mal. Es mag der guten Prinzeßin an bessern Rathe fehlen: mein Herr thue einen Versuch/ und schlage etwas bessers vor.

Hill. So kühne wolte ich wohl seyn: aber mein
Herr vergebe mir/ er würde mit meinem Vorschlage
verschonet bleiben.

Mal. Ich habe meine Gedancken noch nicht so hoch
gesetzet. Aber die Höfligkeit/ die ein Kuh-Melcker im
Lande Gilead gelernet hat/ die wolte ich eben so gut/
und noch eine qveer-Hand besser anbringen.

Hill. Mein Herr/ ihr seyd wohl unsers Fürsten
Hof-Juncker/ aber nicht unser Stadt-Oberster. Daß
wir von Land-Gütern leben/ das ist keinem ehrlichen
Manne eine Schande. Und eben du hungriger Hund/
wärest du nicht an unserm Hoffe eingebettelt worden/
so zweiffel ich daran/ ob du würdest eine Kuh zu mel-
cken haben.

Mal. Nun müssen die Kinder Ammon überwunden werden/wofern alle Gileaditer so zornig sind.

Hill. Vielleicht wäre es besser/man knickte erst den
Verräthern am Hofe die Köpffe entzwey.

Mal. Es muß nur an Nußpickern mangeln/darinn
die Köpffe Raum haben.

Hill. So lange als Kiesel-Steine vorhanden sind/
wollen wir schon Nußpicker finden.

Mal Ich dachte/ der Herr wolte die Fürstl. Prinzeßin beyrathen? wenn er nach Kiesel-Steinen greiffen

sen will / so wird sie an seinen beschmutzten Händen
schlechte Delicatesse finden.

Hill· Die Liebe siehet nicht auff die Hände.

Mal. Aber ich höre/die Liebe ist heuer sehende worden / sie will nun nicht mehr dahin fallen / worein die
Kühmercker zu treten pflegen. Versteht mich der Herr?

Hill. Ich verstehe es wohl: Aber wenn die Liebe
auff mich fiele/so fiele sie auff keinen Kuhfladen.

Mal. Aber der Herr würde doch eine Qvantität
von diesem Balsam mitbringen / so könte er sich desto
mehr versichern/daß ihn kein Fürstlicher Neben-Buh-
ler in dem angenehmen Zimmer verstörete.

Hill. Mißbrauchet meiner Freundschafft nicht.

Mal. Printz Dodo mißbrauchet euer Freund-
schafft/der hat euch die Princeßin vor dem Maule weg-
genommen.

Hill. Die Sache ist noch nicht vollzogen.

Mal. Aber ich höre/die Difficultät/eurentwegen/
ist schon abgethan/ und euer Nahme ist mit güldenen
Buchstaben/in das Buch der Verschonung/ geschrieben worden.

Hill. Und ich kenne einen verlauffenen Schmarut-
tzer / der in dem Buche der Verachtung auff Beren-
heuter-Pappier soll geschrieben werden.

Mal. Es kan wohl seyn. Aber ich will meine Gedancken auff eine Berenheuter-Haut schreiben.

(Schmeist ihn ins Gesichte.)

Hill.　　　(entblößt den Degen.)

Und du sollst mir zu meiner Schrifft rothe Dinte
geben.

Mal.

Mal. (wehrt sich mit dem Stocke.)

Du Kuhmelcker/wilst du meinen blossen Degen sehen? Da siehe/was mein Stock verrichten kan: denn ich muß doch heute an dir zum Ochsentreiber werden.

Wachmeister (kömmt gelauffen.)

Ihr Herren/ich bitte euch/haltet. Friede/der Fürste kömmt mit der Armee angezogen/ der Tumult möchte ungnädig auffgenommen werden.

Mal. Es war nur ein kleiner Schertz/ es galt eine Wette/ ob ich meine fünff Finger auff seinen Backen beherbergen könte.

Hill. Zu diesem Schertze bin ich etwas grob: Es mag dißmahl seyn. Doch/lange geborgt/ist nicht geschenckt.

Mal. Es ist wahr/ die Klugheit ist dir lange geborget worden/und niemand kömmt/der dir etwas davon wieder schencken will.

Andere Handlung/Zwölffter Auffzug.

Jephtha. Dodo. Thola. Jair. Elon.
Gerson. Hillel. mit etlichen Soldaten.

Jeph. Wohlan/ Israel/ laß deinen Heldenmuth wieder aus dem Staube hervor leuchten! die Zeit ist kommen/ da die hochmüthigen Feinde zur gerechten Straffe unter deiner Herrschafft seufftzen sollen. Ihr aber/ meine tapffere Soldaten/habet einen Muth/ und gedencket/ daß ich nichts von euch sodern will/ welches ich nicht zuvor an meinem Exempel werde sehen lassen.

E   **Thol.**

Thol. Entweder unser Blut soll vergossen werden/ oder in wenig Tagen soll die Ammonitische Herrligkeit im Staube liegen.

Dod. Ich will nicht leben / oder ich will diesen Triumphirenden Fürsten begleiten helffen.

Gers. Das gantze Volck stehet vor einen Mann.

Jeph. Mein GOtt/ giebst du die Kinder Ammon in meine Hand/ was zu meiner Hausthür heraus mir entgegen gehet/wenn ich mit Frieden wieder komme von den Kindern Ammon/ das soll des Herrn seyn/ und wils zum Brandopffer opffern.

Thol. Amen/Amen! Wir sind Zeugen/ daß dieses Gelübde soll ungebrochen seyn.

(Alle zusammen.)

Amen/Amen! Wir sind Zeugen/ daß dieses Gelübde soll ungebrochen seyn.

Sie ziehn ab ; ihnen folget Nabal, der seine Soldaten etwas exerciret.)

Schual. Harr/ich will dem Werber noch eines versetzen vor meinen Kober: Wenn ihm der Possen wär angegangen/ich wäre mit 40. Silberlingen nicht wieder loß kommen: Aber so ist mirs gesünder. Ich stehe lieber auff der Seite/und sehe dem Marche zu/als daß ich mich den Schabehals will vor die lange Weile prügeln lassen. Mein Nachbar Ziba ist ein rechter Narr/ daß er nicht wieder davon läufft. Ich dencke ja/die Courage wird unsern Leuten nicht in die Strümpffe fal-

fallen/ wenn ſie den Feind vor ſich ſehen / ſo werden
die Kinder Ammon die Werbe = Gelder wohl erſetzen
müſſen: und auff die gute Hoffnung will ich heim
ſchlendern/ und mit meiner alten Mutter eine geqvörl-
te Semmel=Milch verzehren.

Dritte Handlung/
Erſter Auffzug.

Joſeba. Thamar.

Joſ. Ach ! iſt mir jemahls das Hertze ſchwer gewe-
ſen / oder habe ich jemahls meine Traurigkeit durch
Nächtliche Träume wiederholen müſſen / ſo geſchicht
es wohl zu dieſer Zeit/ da ich zwiſchen ſolcher Furcht/
und Hoffnung ſchwebe / ob ich eine Fürſtin bleiben/
oder ob ich den betrübten Titul einer Wittbe annehmen ſoll. Ach liebſter Jephtha, iſt es möglich/ daß dein
Blut als ein Löſe=Geld der kurtzen Hoheit ſo bald ab-
geſodert wird?

Tham. Liebſte Fr. Mutter/ worzu dienen dieſe Kla-
gen/ als daß ich in Verzweifelung geſtürtzet werde?

Joſ. Ach meine Tochter/ ich ſolte dir mit beſſern Exempel vorgehen. Doch deine Traurigkeit iſt meiner nicht zuvergleichen.

Tham. Ich liebe den Herrn Vater.

Joſ. Ich weiß du liebeſt auch Printz Dodo.

Tham. Iſt dieſes nicht genung zur Betrübniß?

Joſ. Genung zur Betrübniß/ aber nicht genung/
meine Schmertzen zuerreichen.

F 2 Tham.

Tham. Ach könte ich noch unglückseliger werden/
als wenn ich die Leiche eines Vaters/ und den Cörper
eines treuen Liebhabers/ mit lebendigen Augen beweinen solte?

Jos. Wenn Jephtha stirbt/ so bin ich eine Wittbe.

Th. Und ich eine Vaterlose Tochter.

Jos. Diesen Schaden kan ein zukünfftiger Bräutigam verbessern.

Tham. Wenn aber auch derselbe nicht mehr am
Leben ist.

Jos. Die Männer sind in Gilead nicht so seltzam.

Th. Ich hätte kein Hertz übrig/ das ich andern ver-
kauffen könte.

Jos. Dieses sind eitle Gedancken. Jungfern sind
zum lieben gebohren: Aber eine Wittbe ist aller Menschen Haß/ biß sie durch ihren Tod das Haußwesen
frölich macht. Ach weh mir/ daß mein Gemahl gar
zu tapffer ist! denn gewiß/ er wird entweder in der Zu-
rückkunfft das Sieges-Zeichen im Schilde führen/
oder er hat sich auff dem Schilde vor das Vaterland
opffern lassen.

Silpa   (kömt.)

Gnädigstes Fräulein/ unser Nabal gehet unten am
Thore herum.

Tham. Nabal? Ist er nicht im Kriege?

Silpa. Ob er ausgerissen ist/ oder ob er als ein Bote
etwas zu bestellen hat/ kan ich nicht wissen. Doch meine Augen betrügen mich nicht.

Jos. Silpa geh bald und laß ihn herkommen.

(sie geht.)

Ach nun werde ich mein Urtheil anhören.

Tham

Tham. Der Himmel helffe zum besten. Ach Dodo, wärestu todt/ dein Geist würde mir solches, vorlängst berichtet haben.

Dritte Handlung/Ander Auffzug.

Nabal.   Joseba.   Thamar.

Nab. Glück zu ihr lieben Herren/ ich freue mich/ daß ich gesund wieder da bin. Ich habe mein Geld mit lauffen so stattlich verdienet/ daß es eine Schande ist: aber ich sorge/ich sorge/die Wechsel möchte auffen bleiben: Denn je hurtiger ich mit meinen Cameraden durch gieng/ desto eyfriger gieng Jephtha auff meine Schuld-Leute loß. Nun habe ich acht Tage in Wirths-Hause gelauret/ ob mir jemand zu meiner Courage wolte Glück wünschen: Aber ich höre weder böses noch gutes. Gewiß/wo Jephtha noch weiter so unhöfflich ist/und auff die guten Leute zuschmeist/ so machen sie Friede/und lassen meine Lauffgeldergen in die Amnestie mit einschliessen.

Jos. Nabal wie lange soll man warten?

Nab. Gnädigste Frau / Euer Durchlauchtigkeit unterthänigst auffzuwarten.

Jos. Ein schöner Auffwärter/der sich erst am Thore mit allen Leuten gemein machet/ ehe die Herrschafft das Geräusche davon zuhören bekomt.

Nab. Gnädigste Frau/meine Verrichtungen sind etwas schlecht.

Jos. So wär es besser / man hätte im Kriege eine Verrichtung/ die man nicht schlecht nennen dürffte.

Nab. Ich reise diesen Augenblick wieder hin. Denn

E 3   meine

mein Degen/der sieben Köpffe auff einmahl herunter
säbeln kan / war in der Milch-Kammer unter den
Butterfässern liegen blieben.

Jos. Ach/ spare die Possen! Lebet unser Jephtha
noch?

Nab. Je wer solte ihn todt schlagen? ich bin nur
dessentwegen auf die Seite gegangen/daß ich die feigen
Berenheuter von jener Parthey nicht ansehen darff.

Jos. Sind sie nicht so hurtig im Wercke / als vor-
mals in Worten?

Nab. Ich habe noch kein hurtig Werck empfunden.

Jos. Ach/der Himmel bestätige diese Post durch eine fröliche Wiederkunfft.

(Dodo kömmt/ Nabal läufft davon.)

Dritte Handlung/Dritter Auffzug.

Dodo. Liebste Princeßin / sie gönne mir die Ehre/
daß ich die erste Zeitung von der glücklichen Victorie
überbringen darff.

Jos. Ach Printz/lebet Jephtha?

Dod. Er lebet/und triumphiret.

Jos. Ach/ dem Himmel sey Danck!

Tham. O liebster Printz warum kömt der Herr
Vater nicht?

Dod. Er ist mit der Armee im Anzuge: mich hat
die Liebe so eilig fort getrieben / daß mir niemand die
Ehre dieser frölichen Post nehmen solte.

Jos. Können wir den Inhalt dieses herrlichen Sie-
ges nicht erfahren?

Dod. Kurtz davon zu reden: Die Ammoniter hatten sich mit grosser Macht gegen uns gestellet. Die

bk-

blancken Waffen begunten uns in die Augen zu glän-
tzen/und es fehlte wenig/ so wären unsere Gemüther zu
einiger Furcht angereitzet worden.   Allein / der großmüthige Jephtha führte seinen Zuspruch so beweglich/
daß die sichern Ammoniter in ihren Lägern angegrif-
fen/und als eine Heerd Schaafe zerstreuet wurden.

Jos. Dieses ist kühne gewagt.

Dod. Und glücklich ausgeführt.   Wo die Macht
nicht zulangen will / da muß die List den Mangel ersetzen.

Jos. Aber sie werden den Sieg theuer gemacht haben.

Dod. Die erschrockene Leute wolten zwar aus
Verzweifflung etwas versuchen : Doch/ sie traffen in
ihrer Blindheit so geschwind einen Ammoniter / als einen Feind aus Gilead.   Also sind wenig aus unsern
Hauffen beschädiget/ noch viel weniger des Lebens beraubet worden.

Jos. Der erste Anfall ist gut. Wiewohl einem lauffenden Feinde ist nicht zu trauen : So geschwinde als
er sich in seine Sicherheit begiebet / so geschwinde kan
er zurücke eilen/ und uns den Triumph aus den Händen spielen.

Dod. Wer sich vor lauffenden Feinden fürcht/der
muß ihnen die Beine entzwey schlagen.

Jos. Ich wolte/ es wäre geschehen.

Dod. Mehr als dieses.   Die festen Städte sind
verwüstet/ die junge Mannschafft/ biß auff die kleinen
Kinder/ist dem Schwerdte zu Theil worden/ und wofern aus den Ammonitern ein Feind entstehen soll / so

muß derselbe biß auff das dritte Glied Auffschub nehmen.

Tham. O/ nochmahls willkommen mit dieser angenehmen Zeitung/liebster Dodo.

Dod. Ich bin vergnügt/ daß ich würdig gewesen
bin/etwas Angenehmes zu leisten.

Tham. Aber ist auch euer Leben in Gesahr gewesen?

Dod. Ein Spieß ward mir bey der lincken Seite
hingeschossen/daß mir die Haut auff der obersten Rip-
pe etwas gestreiffet wurde : Doch/mit solchem Schaden wolte ich alle Tage einen solchen Sieg erkauffen.

Tham. Ach mein Printz/seyd ihr dem Tode so nahe gewesen ?

Dod. Sie sage nicht vom Tode. Wem solche Gefahr tödtlich scheint/der muß von Nadelstichen sterben.

Tham. Ich weiß wohl/daß die tapffersten Helden
auch ihre tödtliche Wunden vor geringe halten.

Dod. Wohl dem/ der würdig ist/ eine tödtliche
Wunde zu verdienen. Und vielleicht würde ich auch
diesen Ruhm gesucht haben/wenn ich den Befehl/zu le-
ben/nicht von ihrem schönen Munde empfangen hätte:
Doch/ich gehe den Einzug zu begleiten.

(Dodo gehet ab.)

Tham. Wertheste Fr. Mutter/wäre es nicht rath-
sam/daß ich neben meinen Gespielen dem Herrn Vater mit einem Jubel-Gesange entgegen spatzierte ?

Jos. Nach deinem Gefallen/liebste Tochter. Mache dich gefast; Ich werde auff das Meinige bedacht
seyn.

(Joseba gehet ab.)

Tham.

Tham. Silpa, gehe und hole mir den Muficanten/ und fage darneben/daß die vornehmften Jungfern aus Mizpa fich in meinem Zimmer auff das Freuden-Spiel bereiten follen.

Silpa. Gnädigftes Fräulein/ich bin gehorfam.

(Thamar geht ab.)

Silpa. Wo finde ich nun den Spielmann/welcher eben verlanget wird? Soll es der vorige feyn/ der fich mit einem Liede hören ließ/ oder ein ander? Und hätte ich das Fräulein noch einmahl gefragt/ fo wäre fie un-gedultig worden.

Dritte Handlung / Vierdter Auffzug.

Nabal. Hika. Heka. Topeth.

Nab. Frifch auff ihr Purfche! Unfer Weglauffen ift fo kräfftig gewefen / daß alle Feinde davon ein Mu-fter genommen haben: Nun ift es billich/ daß wir zu Rathe gehn/wie der Triumphirende Sieges-Herr an dem Thore mit unfern Trompeten und Paucken an-zunehmen ift.

Hika. Ich blafe mein beftes Stückgen ohn eines.

Heka. Und ich blafe ein Stücke/ das Jofeph in Egypten vor der Taffel beftellet hat.

Hik. Gewiß/ da er feines alten Vaters Gefund-heit getruncken hat.

Heka. Nicht anders/Camerad.

Tophet. Und ich will den March fchlagen/damit bey dem Babylonifchen Thurme die Arbeiter zufam-men gefordert worden.

Nab. Es wird gar auff die neue Mode klingen. Nun/so spielet doch her.

(Sie spielen.)

Silpa. Sachte/sachte/ihr Herren/seyd ihr nicht die Spielleute?

Nab. Du liebster Tausendschatz / ist es fragens werth? Wer eine Pfeiffe im Maule stecken hat / der ist wohl kein Feuer-Mäuer-Kehrer.

Silpa. Siehe da / du zahmer Soldate / wie lange bistu im Kriege gewest/daß du einem ehrlichen Frauen-Zimmer so schnippisch antwortest?

Nab. Siehe da / du wilde Jungfer / wie lange haben dir die Soldaten Friede gelassen.

Silpa. Ich richte mit euch nichts aus: Meine Prinzeßin läst den Spielleuten befehlen / sie sollen im Vorgemach erscheinen / und fernere Anordnung erwarten.

(Geht ab.)

Nab. Ihr Brüder / die Jungfer will gewiß ihres liebsten Gesundheit trincken: Geht fort / daß sie den Wein unter dessen nicht darneben lauffen läst.

(Gehen ab.)
(Der innerste Schauplatz öffnet sich.)

Dritte Handlung/ Fünffter Auffzug.

Thamar. Asuba. Jedida. nebst den andern Jungfern.

Tham. Ihr seyd so furchtsam.

Asub.

Aſub. Ich erkenne mein Unvermögen.

Jedid. Und ich laſſe mich nicht gerne auslachen.

Tham. Ich ſage/ihr ſeyd zu ſorgfältig. Wie kan ich dem Herrn Vater eine gröſſere Freude machen?

Aſub. Es wäre zu wünſchen/daß die Jungfrauen zu Mizpa dergleichen Künſte beſſer gelernet hätten.

Jed. Oder/daß wir unſere Künſte beſſer geübet hätten.

Tham. Der Herr Vater hat ſo viel geſtritten/als er hat gekont: Nun wollen wir ſo viel ſingen und ſpielen/als wir können.

Aſub. Auff dieſen Befehl wollen wir gehorſam ſeyn.

(Hika. Heka. Tophet. kommen.)

Tham. Weil ich des Uberwinders cintzige Tochter bin/wird der Auffzug von Perſonen meines Geſchlechtes am ſchönſten zuſehen ſeyn. Aber wer ſind die Leute?

Hik. Gnädigſte Princeßin auff dero Befehl erſcheinen wir/und werden unterthänigſt erwarten/was wir gehorſamſt verrichten ſollen.

Tham. Wer ſeyd ihr?

Hek. Wir ſind unſer Kunſt nach Schalmeyer/unter dem Commando Monſ. Nabals?

Tham. So kommet ihr unrecht an.

Hik. Die Kammer-Jungfer hat es befohlen.

Tham. Gewiß auff Nabals Anordnung.

Nab. (kömmt mit einem Fagot.)

Ja/ja ich komme auch ſelber/ und bringe das Fundament.

(er bläſt ungeſchickt drauff.)

Tham.

Tham. Ihr guten Leute/ euer Meinung ist nicht zu verwerffen. Geht nur und wartet auff der Strasse beym Galgen-Berge auff/ biß die Armee kömt/ alsdenn laßt eure Instrumente hören: Hier hat ein jedweder einen halben Silberling.

Heka. Grossen Danck/ grossen Danck/ vor dieses Geld geh ich gern an den Galgenberg.

Hika. Du rede nicht zu viel/ dein Sohn ist gleichwohl ein Futterschneider/ er könte deinetwegen aus der Innung gestossen werden.

Heka. Unten am Galgen-Berg ist gut wöhnen/ aber auff der Spitze ist eine Capelle/ da ein ehrlicher Schalmeyer keine Messe abzublasen hat.

(gehn ab.)

Nab. Ist gegen mich nichts wegen eines Silberlinges zu gedencken?

Tham. Da ist eine Schachtel voll Nasenstieber/ brauchestu ein halb schock vor einen Silberling/ so wollen wir Handelsleute werden.

Nab. Ehren-freundlichen Danck/ gnädige Jungfer/ ich weiß die liebe Zeit/ da ihr mit Nasenstübern nicht so fix waret. Doch was hilffts? gute Zeitungen machen stoltz.

(Geht ab.)

Dritte Handlung/ Sechster Auffzug.

Thubal. (kömmt.)

Tham. Wie so lange Monf. Thubal?

Thub. Gnädigste Princeßin/ die Zeit will etwas kurtz werden.

Tham.

Tham. Es schadet nicht: Spielet nur zum Funda-
mente/ wir wollen schon versuchen/ ob unser Spiel
darzu accordiren wird.

(hiermit wird gesungen)

Thamar.

O Angenehmer Sieg!
Die Feinde sind geschlagen/
Und müssen Fessel tragen/
Die sonst mit ihren Schlachten/
So grosses Wesen machten.
O angenehmer Sieg!

Chor.

O freue dich Mizpa nach allem Vermögen/
Und schicke dem Helden die Töchter entgegen.

Thamar.

O angenehmer Sieg!
Man hat mit hohen Muthe/
Nicht mit vergoßnen Blute/
Nicht mit des Landes Schaden/
Sich aller Last entladen.
O angenehmer Sieg!

Chor.

Drum freue dich Mizpa nach allem Vermögen/
Und schicke dem Helden die Töchter entgegen.

O.

Thamar.

O angenehmer Sieg!
Wir sind des Höchsten Erbe/
Und treiben das Gewerbe/
Darzu der edle Frieden
Uns ferner hat beschieden.
O angenehmer Sieg!

Chor.

Drum freue dich Mizpa nach allem vermögen/
Und schicke dem Helden die Töchter entgegen.
Die Scene fällt zu.

Dritte Handlung Siebender Auffzug.

Jephtha, Dodo, Thola, Gerson, Elon,
Hillel, nebenst den Soldaten:
Kedar und Hadad gebunden.

Jeph. So hat die gerechte Sache noch überwunden; und so kan ich meine geliebte Stadt Mizpa mit der höchstgewünschten Post erfreuen/ daß in langer Zeit kein Ammuitischer Feind wird zu befürchten seyn.

Thol. Der Herr hat vor Zeiten durch seinen Knecht Mose/ und ferner durch dessen Nachfolger/Josua/aller Welt ein Schrecken eingejagt: Und dessen Allmacht hat auch anitzo erwiesen/ daß die Himmlische Majestät keinen Heydnischen Trotz ertragen kan.

Jeph. Wolan/dieser Tag soll zu unserer Freude und zu einem allgemeinen Triumphe ausgesetzet seyn.

Gers. Vielmehr soll dieser Tag alle Jahr durch ein frőliches Gedächtniß gerühmet werden.

Jeph. Daran wollen wir gedencken/wenn das geschehene Gelübde wird bezahlet seyn.

Elon. Indessen ist Mizpa glückseelig/ daß sie durch den Mund ihres Durchlauchtigsten Fürstens die Bothschaft einer langen/und/wo es möglich/ist/einer ewigen Sicherheit/empfangen soll.

(Das Chor der Jungfrauen spielet inwendig gantz sachte/als von weiten/und singet:

So freue dich/Mizpa/rc.

Jeph. Was ist dieses?

Thol. Mizpa freuet sich/den Urheber ihres Wohlstandes anzusehen.

Dritte Handlung/ Achter Auffzug.

(Thamar kömmet singende heraus.)

Tham. Durchlauchtigster Herr Vater -- -- --

Jeph. Ach meine Tochter -- -- -- --

Tham. Wie/mein Herr Vater?

Jeph. Ach meine Tochter/ wie beugst du mich!

Tham. In der allgemeinen Freude werde ich ja meine Pflicht nicht vergessen.

Jeph. Ach !! verflucht sey die Freude / welche mir einen tödtlichen Zwang aufleget.

Tham. Herr Vater! Habe ich einen Fluch verdienet/so will ich mit meinem Leben büssen.

Jeph. (ad spect.) Dein Leben ist schon verkaufft. (ad milit.) verlaßt mich/ das Jubel-Geschrey wird mir verdrießlich.

(Gehet ab.)

Tham.

Tham. Ich muß gleichwohl die Urſache wiſſen/
warum ich verſchmähet werde.

(Thamar folget ihm nach/die übrigen Jungfern gehn anderswo ab.

Thol. Was ſoll dieſer Wechſel bedeuten? Ich kan
den Fürſten nicht alleine laſſen.

(geht ab.)

Dod. Und ich werde ein Geheimniß erfahren/ das
mir nicht angenehm iſt.

(geht ab.)

Elon. Was werden die Bürger in Mizpa von
dieſer Veränderung halten?

(geht ab.)

Hers. Ihr Purſche/macht euch auff die Seite. Ihr
aber/Qvartier Meiſter Nabal/nehmt die beyden Gefangenen in acht.

(Gerſon geht ab/ die Soldateſi zerſtreuen
ſich.)

Dritte Handlung/ Neundter Auffzug.

Nabal. Kedar. Hadad.

Nab. Die Charge iſt köſtlich/ſo können mich die
Vögel nicht verrathen. Halt ihr Purſche/ wie ſtehts
um die Ammonitiſchen Geſchencke? Ich dachte/ das
gute Glück wüchſe bey euch auff Bäumen/als wie bey
uns der Vogel-Leim.

Ked,

s Unglück hebt alles Versprechen auff.
id ein künfftiges Glücke kan solches, wie-
n.

z mir nicht ein künfftiges Glück wegläufft.
nn einmahl die toden Hunde in der
rube eine Aufferstehung halten/so werden
ter unsere Lands-Leute wieder ausbeissen.
gel/ eurentwegen bin ich an der Solda-
und an der Courage zum halben Schel-
: Nun müst ihr mir die Bezahlung ge-
h will euch als Gefangene recht auff die
ode tractiren.
st schlechte Raison, unglückliche Leute zu

o Monsieur scheinet mir zu höfflich/als
niedriges Tractament von ihm erwarten

ha/ werde ich nun meiner Höffligkeit er-
gebt mir meine Bezahlung/ und haltet
in höfflichsten Menschen von der Welt.
bald wir erlöset sind/ soll die Bezahlung

u kluges Ammoniterchen/ du wilst zuvor
/ darnach soll ich dich um die Bezahlung

r ist meine Hand.
lobe eine Hand/da was drinnen ist.
will leicht was hinein bekommen.
die Müntze möchte mir nicht anständig

et Freund seyd versichert/daß euer Volck
　　　　F　　　　　　　　　　　mich

noch lange nicht das Marck unsers Landes ausgesti-
gen hat. Ich selbst habe einen Schatz vergraben/ der
noch zu mancher Bezahlung dienen möchte. Kan ich
aus dem Lande kommen/ so nehmet meine Hand/daß
ihr die Helffte davon haben solt.

Nab. (ad spect.) Das ist köstlich/ wo ich so einer
reichen Fischfang thue. Ich muß ihrer schonen/ biß
sie mir den Schatz weisen/ darnach kan ich ihnen allezeit den Halß brechen/ daß ich vor meine Person
den Schatz zweymahl halb bekomme. Hört was habt
ihr vergraben?

Had. Einen grossen Schatz von 10000. Silberlingen.

Nab. Aber ists auch gangbare Müntze?

Had. Das Metall soll die Wehrung thun.

Nab. Nun ich will mich bedencken/unterdessen haltet hier Stand.

Had. Ich lauffe nicht weg.

Nab. Aber einem blossen Worte traue ich nicht.
Ich muß versichert seyn.

(Nabal nimmet einen langen Stecken/bindet
sie mit den Händen dran/ daß sie mit den
Rücken zusammen stossen.)

Nab. Nun laßt euch die Zeit nicht lang werden/ich
will bald wieder da seyn.

(Geht ab.)

Had. Verflucht sey der ohnmächtige Götze Cha-
mos/ der mich in diese Noth gerathen läst.

Ked. Und verflucht sey Melech/ der mich in dieser
Noth nicht sterben läst:

Had.

Had. Ach mein Freund/ sollen wir einander nicht an=
sehen!

Ked. Ich wolte/ die Sonne verwandelte sich in ein
schwartzes Tuch/ daß wir ein ander in Ewigkeit nicht
ansehen könten.

Had.   (will sich loß reissen.)
Ach! wollen die Arme nicht in Stücken brechen.

Ked. Schonet/ schonet/ mein Freund/ wir vermeh=
ren unsere Schmertzen/ und empfinden keine Losung.

Had. Ich wolte/ die Schmertzen wären tödtlich.

Ked. Doch muß man mit Gedult des Todes
Schmertzen vertreiben.   O/ aber wie sauer wird die
Gedult!

Dritte Handlung/ Zehender Auffzug.

Gerson. Machir. Hillel. Hadad. Kedar.

Gers. Was wollen diese Leute vor eine Masqua=
ta bringen?

Hill. Es sind die gefangenen Abgesandten.

Gers. Wer hat euch an diesen Ort gelassen?

Had. Verflucht sey die Hand/ die uns nicht tödten
will.

Gers. Euer Verlangen kan erfüllet werden.

Had. Warum wird die Erfüllung so lange verzo=
gen?

Gers. Ein Gefangener darff auch nicht sterben
wenn er will.   Allein/ ich will wissen/ was diese Gäu=
ckeldossen bedeuten sollen.

Had. Wer aus Zwange gauckelt/ darff nicht um
die Ursache gefraget werden.

F 2   Na=

(Nabal kömmt.)

Gerſ. Iſt es ietzt gleich Zeit / vor dem Pallaſte mit
lächerlichen Poſſen zu erſcheinen / da die Fürſtl. Familie in höchſter Confuſion iſt. Ich ſehe den Urheber
und ich dürffte bald den Lohn auff ſeinen leichtfertigen
Puckel obzahlen.

Nab. Wenn die ſchönen Inventiones ſo bezahlet
werden / will ich ſie kürtzer faſſen.

(er will ſie die Qvere hinein führen.)

Ho / ho / geht mirs doch wie den Herren zu Jabeck /
die kunten die Balcken zu ihrem Rath-Hauſe nicht die
Qver zum Thore hinein bringen / ſondern ſie muſten ein
Stücke von der Stadt-Mauer einreiſſen / daß der Proceß in ſeiner Ordnung fortkommen kunte; Da ich
will auch ein gröſſer Loch machen.

Gerſ. Fange mir die Händel nicht die Qver an /
oder ich laſſe dich die Länge lang prügeln.

Nab. So / ſo / es geht die Länge auch an / ich bedancke mich vor die Lehre.

(Er führet ſie hinein.)

Dritte Handlung / Eilffter Auffzug.

Machir. Gerſon. Hillel.

Mach. Warum will mein Herr ſo verſchwiegen
ſeyn?

Gerſ. Die rechte Warheit zu bekennen / welche doch
in wenig Tagen ausbrechen wird / ſo wiſſet ihr wohl /
daß unſer Fürſt eine Gelübde gethan / woferne er mit
Frieden wieder nach Hauſe gelangen würde / ſo wolte
er

er das jenige zum Brand-Opffer liefern/ welches ihm
an der Haus-Thüre am erſten begegnen würde.
Nun hat er ſelbſt mit Augen geſehen/ daß ſeine eintzige
und liebſte Tochter/ in dem Chore der Jungfrauen/
den Troupp führete.   Alſo durfſt ihr nicht weiter fragen;   Bedencket des Glückes Unbeſtand / und lebet
wohl.

(Geht ab.)

Mach. Wie ſpielet der verborgene Himmels-Kö-
nig mit unſerm Glücke!

Hill. Und wie läſſet er ſeine Weisheit in dieſem
verborgenen Spiele hervor leuchten!

Loch. Soll ſich ein weiſer Mann zu einem ſolchen
Gelübde verleiten laſſen?

Hill. Kluge Leute ſind auch Menſchen/ und nunmehr
fragt ſichs nicht/ warum er dieſes gelobet hat / ſondern
wie er ſeine Gelübde halten ſoll.

Mach. Wer will ihm dieſes heiſſen?

Hill Sein eigen Gewiſſen.

Mach. Unſer Land hat Schaden davon.

Hill. Nicht das Land/ ſondern der Fürſte.

Mach. Wo die Sonne verfinſtert wird / da muß
die Erde gleichfalls Noth leiden.

Hill. Unterdeſſen iſt unſere Sorge vergebens/ weil
doch ergehn muß/ was recht iſt.

Mach. Wir wollen mit geſamten Hauffen eine
Vorbitte vor die unſchuldige Tochter einlegen.

Hill. Die Vorbitte wird nicht angenommen:
Und darzu/ was haben wir dabey zu thun? Wer weiß/
ob der Himmel nicht unſer Beſtes dadurch befödern
will?

F 3   Mach.

Mach. Ich sehe keine Furcht / die uns aus dieser That hervor wachsen könte.

Hill. Aber / Herr / wisset ihr nicht / daß der Sieg auffgeblasen macht / wo nicht ein empfindliches Unglücke darneben kömmt? Gelt / nun wird unser Fürste manchen Staats-Gedancken etwas wohlfeiler geben.

Mach. Ihr bleibet bey euer Weise.

Hill. Das ist meine Weise / ich begehre nicht zu herrschen / aber daß ich dienen soll / dazu bin ich auch nicht gebohren.

Mach. Vielmehr wird Jephtha nach dem Opffer grausam seyn / inmassen er keinen Eydam verlangen kan. Ach! wie kan derselbe nunmehr der Einwohner schonen / welcher seine Tochter schlachten läst.

Hill. Herr / es wird auch keiner auff die Tochter hoffen / und werden ins künfftige die Factiones auff seiner Seite schwächer gesucht werden : alldieweil niemand etwas Vortheilhafftiges daraus zu hoffen hat.

Mach. Der Himmel steh uns bey / mit unsern Klagen wird nichts gebessert.

(Gehen ab.)

Dritte Handlung / Zwölffter Auffzug.
joseba. Thamar. Dodo.

Jos. Liebster Printz / soll meine Tochter noch sterben?

Dodo. Dem Himmel sey gedancket / daß mich die Liebe hat beredt gemacht.

Jos. Ach! Solte es möglich seyn / daß sich Jephtha gewinnen läst?

Dod,

Dod. Ich stellte ihm unterschiedliche Beweißgrün-
de vor/ wie so gar unrecht eine zarte Princeßin hin-
gerichtet würde; wie das allgemeine Glücke mit keinem solchen Unglücke dürffte erkauffet werden/ und
wie der Himmel an solchem Opffer selbst keinen süssen
Geruch empfinden möchte.

Jos. So gab er sich hierauff zu frieden?

Dod. Nein/ es war noch zu schwach/ einen Felsen
zu erweichen.

Jos. Warum soll aber dem Himmel gedancket
werden.

Dod. Ich erinnerte ihn ferner des beweglichen
Vater-Nahmens/ so dann auch der zarten Liebe gegen dieselbe Tochter/ die von der ersten Kindheit an
so viel angenehme Stunden vertrieben hätte. Bat
derohalben wegen der Kindlichen Blicke/ der Küsse
der Spiele/und was ihm iemahls an der auffwachsen
den Tugend gefallen hätte. ---

Jos. Ach mein Printz/ wie hat er auff das innerste
Hertze gezielet! Ich kan solches ohne Thränen nicht
anhören:

(Weinet.)

Kunte aber jephtha mit trockenem Gesichte davon
reden lassen?

Dod. Das Gedächtniß der vorigen Zeit erregte
sich so starck/daß er seine Wangen mit Thränen häuf-
fig netzete. Ich leiste ihm in dieser heiligen Pflicht
gute Gesellschafft/biß er in diese Worte heraus brach:
Thamar soll leben. Ich werde nicht zu einem Tochter-
Mörder werden.

Jos.

Jof. O mein Printz / wie kan ich dieſe Zeitung bezahlen!

Dod. Die Zeitung bezahlet ſich ſelbſt.

Jof. Ich verſtehe die Gedancken allzuwol / und hier iſt meine Hand / daß Thamar niemand küſſen ſoll als denſelben Mund / durch deſſen Wolredenheit ihr Leben erhalten wird.

Tham. Ich will gleichfalls der Fr. Mutter nicht wiederſprechen. Kan mein Printz Dodo viel erhalten / ſo wird er viel zu genieſſen haben.

Dod. Alſo bin ich dem Himmel gedoppelt verbunden / der mich auff ein kurtzes Schrecken in dergleichen Freudens-Empfindung geführet hat. Allein ich werde anitzo nach unterthänigen Abſchiede Gelegenheit ſuchen / die fröliche Poſt unter dem Volcke auszubreiten.

Jof. Es iſt recht / dieſe Freude darff nicht in unſern Zimmer verſchloſſen bleiben.

(Dodo geht ab.)

Dritte Handlung / Dreyzehender Auffzug.

(Thola kömbt auff der andern Seite / und iſt gantz traurig.)

Tham. Der Feld-Herr muß vielleicht des Herrn Vaters letzte Reſolution nicht erfahren haben / ſonſt würde er nicht ſo traurig ſeyn.

Jof. Was er nicht weiß / kan er von uns erfahren. Wie ſo Melancholiſch mein Herr Thola?

Thol.

Thol. Die Unterthanen sollen sich nach ihren ge-
biethenden Häuptern richten.

Jos. Wenn aber die Häupter zu einer Frölizkeit
sich verstanden haben?

Thol. Alßdenn will ich meine Traurigkeit verwechseln.

Jos. Ich höre wohl/ daß Printz Dodo nicht mit
euch geredet hat.

Thol. Und ich mercke/ daß Printz Dodo allhier gewesen ist.

Jos. Gleichwohl ist seine Verrichtung glücklich ab-
gelauffen.

Thol. Der Himmel wird deßwegen nicht klar/
wenn die Sonn einen Blick durch die Wolcken
thut.

Jos. Ich verstehe das Räßel nicht.

Thol. Was soll ich undeutlich reden? Ich komme
der Ihr. Durchl. her/ und so wehmüthig als er
durch den Printzen war gemachet worden/ so eyfrig
kam er auff den alten Schluß/ daß er das Opffer auf
den morgenden Tag durchaus will vor sich gehn
lassen.

Jos.   fällt in Ohnmacht.)
Tham. Ach weh die Fr. Mutter stirbt!

(Silpa und Epha kommen zu Hülffe.)

Thola. Diesen Zufall hat meine Botschafft er-
wecket.

Tham. Ach die Botschafft muß sich nach der Warheit richten! O weh/ die Fr. Mutter hört von meinem Tode/ und stirbet vor Erschrecken; Sie stirbt
          F 5   in

Jos. O mein Printz / wie kan ich diese Zeitung bezahlen!

Dod. Die Zeitung bezahlet sich selbst.

Jos. Ich verstehe die Gedancken allzuwol/und hier ist meine Hand / daß Thamar niemand küssen soll/ als denselben Mund / durch dessen Wolredenheit ihr Leben erhalten wird.

Tham. Ich will gleichfalls der Fr. Mutter nicht wiedersprechen. Kan mein Printz Dodo viel erhalten/ so wird er viel zu geniessen haben.

Dod. Also bin ich dem Himmel gedoppelt verbunden/ der mich auff ein kurtzes Schrecken in dergleichen Freudens-Empfindung geführet hat. Allein ich werde anitzo nach unterthänigen Abschiede Gelegenheit suchen/ die fröliche Post unter dem Volcke auszubreiten.

Jos. Es ist recht/diese Freude darff nicht in unsern Zimmer verschlossen bleiben.

(Dodo geht ab.)

Dritte Handlung/ Dreyzehender Auffzug.

(Thola kömbt auff der andern Seite/ und ist gantz traurig.)

Tham. Der Feld-Herr muß vielleicht des Herrn Vaters letzte Resolution nicht erfahren haben/ sonst würde er nicht so traurig seyn.

Jos. Was er nicht weiß / kan er von uns erfahren. Wie so Melancholisch mein Herr Thola?

Thol.

Thol. Die Unterthanen sollen sich nach ihren ge-
biethenden Häuptern richten.

Jos. Wenn aber die Häupter zu einer Fröligkeit
sich verstanden haben?

Thol. Alßdenn will ich meine Traurigkeit verwechseln.

Jos. Ich höre wohl/ daß Printz Dodo nicht mit
euch geredet hat.

Thol. Und ich mercke/ daß Printz Dodo allhier gewesen ist.

Jos. Gleichwohl ist seine Verrichtung glücklich ab-
gelauffen.

Thol. Der Himmel wird deßwegen nicht klar/
wenn die Sonn einen Blick durch die Wolcken
thut.

Jos. Ich verstehe das Räzel nicht.

Thol. Was soll ich undeutlich reden? Ich komme
vor Ihr. Durchl. her/ und so wehmüthig als er
durch den Printzen war gemachet worden/ so eyfrig
kam er auff den alten Schluß/ daß er das Opffer auf
den morgenden Tag durchaus will vor sich gehn
lassen.

Jos.   fällt in Ohnmacht.)
Tham. Ach weh die Fr. Mutter stirbt!

(Silpa und Epha kommen zu Hülffe.)

Thola. Diesen Zufall hat meine Botschafft er-
wecket.

Tham. Ach die Botschafft muß sich nach der Warheit richten! O weh/ die Fr. Mutter hört von meinem Tode/ und stirbet vor Erschrecken; Sie stirbt
F 5   in

in meiner Gegenwart/ und ich kan es mit lebendigen Augen ansehn.

(Jos. *nachdem sie erqvicket worden/* stehet sie auff.)

O Tyrann/O Tiegerthier! Wann hat ein grausamer Löwe seine Jungen zerriffen? Wenn hat der Drache seine gifftige Brut nicht beschützet? Und du! und du! O wer verhindert mich/ daß ich nicht in sein Cabinet hineinbreche?

Thol. Ich sehe dieses vor den besten Rath an/ Ihr. Durchl. gehen zu erfreulicher Vergnügung.

(Thola gehet ab.)

Jos. Ach unglückselige Mutter/ hab ich meine einßige Tochter auff dieses Hochzeit-Fest gesparet? O/ der soll ich nun zur Grosse-Mutter werden/ und die Kinder auff meinem Schosse erziehen? Soll diese Thamar ein Trost meines Unglückes/ und ein Stab meines Alters heissen? Nachdem der Unbarmhertzige Vater alle Hoffnung auff einmahl zunichte macht. O mein Kind/ wärestu an der Pest dahin gefallen: Oder hätte dich ein Ammonitischer Feind zu Boden geschlagen/ so wolte ich einen Trost in der nothwendigen Gedult suchen. Aber nun wir an dem Schmertzen selbst Ursache seyn/ach so will mir auch der allgemeine Trost zu Wasser werden.

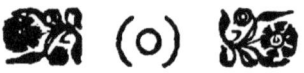

Drit-

Dritte Handlung/ Vierzehender Auffzug.

(Der innerste Schauplatz wird auffgezogen/ da Jephtha alleine ist.)

Jos. Bist du hier/ du Hencker/ du Tyranne? und soll der heil. Ort noch mit unschuldigen Blute besprützet werden? Ja/ ja/ das Blut muß unsern Sieg versiegeln. Aber wenn dich nach Blute dürstet/ warum soll denn eben die einzige Tochter sterben? Siehe/ hier bin ich/ ich will sterben ; Laß mich opffern/ ich werde noch so viel Blut in meinen Adern haben/ daß ich dir einen Purpur-Mantel zum Triumphe werde färben können.

Jeph. Ach liebste Gemahlin/ ich bin betrübt und geängstet genung; Diese Worte dürffen meinen Uberdruß nicht verdoppeln. Das Gelübde ist einmahl ausgesprochen/ und derhalben sind alle Schmähungen zu langsam. Lasset euch nur dieses zum Troste dienen/ daß ihr/ gegen mich zu rechnen/ nur die Helffte leyden dürfft.

Jos. Eine schöne Helffte / da ich alles verliehren soll.

Jeph. Liebste Gemahlin / euer Schmertz bestehet in dem / daß ihr von frembder Hand etwas leydet: Aber was ich erdulde/ darzu muß ich meine Hand gebrauchen. O/ das ist ein kläglicher Zwang/ wenn man sein eigenes Leyden selbst verursachen muß.

Jos. Der Bezwang kömmt von euch.

Jeph. Wäre das Gelübde noch in meiner Gewalt/

so wolte ich ungezwungen meine Tochter leben heiſſen.

Joſ. Der Himmel hat an grauſamen Gelübden
kein Gefallen.

Jeph. Weil der Sieg darauff erfolget iſt / muß ich
das Widerſpiel gläuben.

Joſ. Wer eine Gelübde thut / der ſoll etwas Eigenes wegſchencken.

Jeph. Wie ? Iſt die Tochter nicht mein ?

Joſ. Ja / doch ſie hat auch eine Mutter. Und wo
ſteht es geſchrieben / daß der Vater ein Kind ſchlachten darff / und der Mutter ſoll nicht freyſtehen / daſſelbe
beym Leben zu erhalten.

Jeph. Dieſer Einwurff kömmt zu langſam.

Joſ. So mögen die Väter ins künfftige ihre Gewalt
ſtattlich mißbrauchen. O / höret ihr Einwohner in Gilead / höret was der Eheſtand vor eine Dienſtbarkeit
mit ſich führet ! Die Mutter ſoll vor ihr Fleiſch und
Blut keine Sorge tragen / und der Vater ſoll Macht
haben / als ein Tyranne damit zu verfahren.

Jeph. Ich werde dem Himmel doch nicht ungehorſam.

Joſ. (ad ſpect.) Ich richte mit Trotzen nichts aus /
er will mit guten Worten überwunden ſeyn. (ad Jephtha.) Ach Vater ! gedencket doch an den ſüſſen Nahmen / welchen die junge Thamar ſo offt in ihrem Munde geführet hat Ach ! laſſet mich mein Kind lieben /
welches ich ohne Todſünde nicht haſſen kan; Und laſſet mich die Perſon erhalten / welche auff des Himmels
Befehl nicht ſoll verwarloſet werden.

Jeph.

Jeph. Kan ich in meinen Gedancken nicht unverstöret bleiben?

Jol. Ich bestehe auff meinem Rechte/soll die Tochter in euren Augen todt seyn/ so laßt meine Helffte vor mir leben. Ach Thamar, komm her/thue dem grausamen Vater einen Fußfall. Denn/hat er gleich die Kindliche Ehre nicht verdienet/ so wird er sie vielleicht noch verdienen wollen. Komm/hilff dir selber/weil du in meiner Hülffe wenig Hoffnung setzen kanst.

Tham   (kniet.)

Ach Herr Vater!

(Jephtha wendet sich um/ sie ergreifft ihn bey der Hand.)

Ach Herr Vater! habe ich diese Hand nicht iederzeit geküsset? Habe ich das gütige Antlitz nicht allemahl angesehen? Warum soll ich nun verstoßen seyn? Habe ich gesündiget/ so werde doch der Frau Mutter verschonet: Ich will gerne sterben/ aber/ach! mein Todt kürtzet der Fr. Mutter das Leben ab.

(sie schweiget etwas stille.)

Ach Herr Vater! bin ich noch unglücklich/ daß ich auch keiner Antwort gewürdiget werde?

Jeph Mein Kind/ was quälest du mich? Du hast nichts gesündiget/ mein unbedachtsamer Mund muß die Schuld tragen. Du wirst durch einen Streich in die Ruh versetzet werden/ da ich hingegen mein unbesonnenes Beginnen/ wer weiß wie viel Jahr/ mit schmertzlichen Thränen beweinen muß. Ach wäre es möglich/ daß ich mein Haupt vor deines auffopffern köll

könte/wie gerne wolte ich den Hals darbieten/und wie
frölich solte mir diese Erlösung seyn. Drum/ stehe auff/
liebste Tochter/und verzeihe deinem unglücklichen Va-
ter/ daß er an deinem Unglücke/ wider seinen Willen
Ursache ist.

Thamar.   (stehet auff.)

Ach Herr Vater/ich sehe er ist in nothwendige Traurigkeit gerathen.

Jos. Geht es aber nicht an/ daß ich den Todt er-
dulde.

(sie fällt auff die Knie.)

Ach werthester Jephtha, heisse ich noch die liebste
Joseba? so gönnet mir den Tod/in welchem meine Erlösung blühen wird: Bin ich aber in euren Haß gerathen / so schaffet mich durch dieses Mittel aus den Augen weg.

Jeph. Es ist genung/ daß ich einen Todtschlag be-
gehe.

Jos.   (stehet auff.)

Du heiliges Hertze/ schämest du dich vor dem Tod-
schlage/ und wilst der Tochter Blut sauffen?

Tham.   (umfasset die Mutter.)

Ach Fr. Mutter/es ist genung! die Nothwendigkeit
zu sterben ist da; Warum soll des Herrn Vaters Gewissen durch mein Leben beschweret werden? Ich habe
ihm/nebst GOtt/das Leben zu dancken/meinet er/ daß
GOtt ein Dienst geschicht / so steht es in seinem Belieben.   Nur haltet ihm das Werck zu gute /welches er
nicht ändern kan.   Ja / wofern ihr niemahls durch
mich seyd erzürnet worden / so last mich zu guter letzt
kei-

keine Fehlbitte thun / und sehet den Herrn Vater
desewegen mit keiner Unfreundligkeit an. Ist es müg-
lich / daß wir nach dem Tode was empfinden/ so will
ich dieses an statt des besten Trostes annehmen; Kan
ich aber nicht hieher gedencken / so erinnert euch gleich-
wohl/ daß ich euch die Versöhnung in dem letzten Te-
stamente vermachet habe.

Jos. O verflucht sey der Sieg / und gedoppelt verflucht seyn die Ammoniter/ daß sie den Sieg so schändlich verlohren haben.   O wie gerne wolte ich dienen/
wenn ich nur meine Töchter zum Troste behalten
könte!

Tham. Beweinet mich nicht: ich will sterben/ nur
laßt mich vergnüget sterben. Der Todt schmertzt mich
nicht: aber euer Betrübniß wird mir auch nach dem
Tode beschwerlich seyn. (ad Jephtha) Herr Vater/
ich bin gehorsam; Bin ich dem Himmel verlobet/ so
will ich daselbst zur Hochzeit gehen.

Jeph. Der Himmel fordert dich/ da wirstu eine
Königin werden.

Tham. Doch bitt ich / es möchte mir vergönnet
seyn/ daß ich mit meinen Gespielen zwey Monden lang
auff die Berge gehen / und daselbst meine Jungferschafft beweinen darff.

Jeph. Es sey dir vergönnet / ich will das morgen-
de Opffer wiederruffen.

Jos. Das heist/ ich soll mich etliche Monat langsamer zu Tode grämen

Die Scena fällt zu.

Drit-

Dritte Handlung/ Funffzehender Auffzug.

Hika. Heka. Tophet. Ziba.
Canan. Chud.

Hika. Ihr Brüder/ wie gefällt euch das Tractament?

Heka. Wir haben einen praven Officirer.

Ziba. Ach was wollet ihr klagen? ihr wartet noch mit euren Pfeiffen bey vornehmen Leuten auff: Und da gibts noch immer was gutes vor den Schnabel; Aber wo bleiben wir? Niemand giebt uns was umsonst; stehlen sollen wir nicht/ und gleichwohl Herr Nabal will noch keinen Tag ansetzen/ da unsere Paasche kommen soll.

Tophet. Du Narr was soll vor ein Page kommen; Ich wolte daß ein Gage käme.

Zib. Nun/ nun/ es ist so ein Ding: ich meine mehr Geld.

Chud. Was hab ich davon/ daß ich meine gute Gelegenheit versäume?

Can. Ja/ last mich auch ein Liedgen darvon singen?

Zib. Ich hatte/ Weglauffen ist das beste Mittel vor die Soldaten=Kranckheit.

Hik. Was? sollen wir weglauffen wie die andern? Komt wir wollen unsern Officirer zu Leibe gehn/ und wo er sich zu keinem Gelde verstehet/ mag er zusehen/ daß er mit dem Leben davon kömmt.

Zib. Ich schmeisse mit zu/ wenn ein Todschlag vorgehet/ so will ich so gut ausreissen/ als in der neulichen Schlacht.

Chud.

CHUD. Wäre es nicht besser/ wir giengen von den
Fürsten:

CANA. Es könte nicht übel gethan seyn.

ZIP. Nein/ nein/ er ist zu vornehm. Ich weiß/ was
der Stubenheitzer neulich sagte/ er mag zum Herren
gehen wenn er will.

HEKA. O der Hoff=Narr! der Herr wird sich viel
darum betrüben/ wenn wir dem Stockfische das Le=
der klopffen. Nur bleibet darbey/ er soll uns bezahlen/
oder wir wollen zur Execution schreiten.

TOPH. Allons, allons ihr Brüder er kömt.

Nabal   (kömt)

Nun hab ich erfahren was Hertzens Angst ist. Ach
will jemand einen Berenheuter sehen/ der in seinen
gantzen Rümpe nicht vor einen Pfifferling Freude hat?
Hier stehet eine leibhafftige Abschrifft davon. Ich
dachte/ mein Gülden Stirnband sölte mir bald eine
Liebste erwerben/ und ich halte Jungfer Silpa hätte
sich leicht behandeln lassen/ weil ich das meinige im
Kriege gethan habe/ und bey der Hochzeit als ein
Hoch=Mann=Vester Bräutigam wäre tituliret wor=
den. Allein O Jammer! Nun will sich die Princes=
sin zur Freude schlachten lassen/ und ohn allen Zweif=
fel muß die Cammer Jungfer auch dran: daß sie in
jener Welt eine treue Auffwärterin hat. Sie muß
schon auff die Berge mit hinaus/ da soll sie helffen ih=
re Jungferschafft beweinen. Ob meine Silpa mit
guten Gewissen weinet/ davon wil ich sie reden lassen.
Ich werde in dessen meinen ehrlichen Junggesellen=
Stand nicht beweinen/ nicht beseufftzen; Denn dieses

G   wäre

wäre alles zu wenig: sondern ich will ihn beheulen und bebrüllen/ und wenn ich so jämmerlich singen könte/ als ein Esel/so wolte ich meinen Hals auffsperren / daß alle Welt bekennen solte / es wäre auch einmahl der Jung-gesellen-Stand von einem rechtschaffenen Kerlen be-weinet worden.

Heka. Monſ. Nab. Er wird sich zu besinnen wis-sen.

Nab. Ihr Hunde stöhret mich in meinem Gesange nicht.

Heka. Sind wir Hunde/ so wollen wir beissen.

Nab. Beiß mir in Ermel.

Hik. Herr/beiſt ihr in den Beutel/daß unsere Gage draus fällt.

Nab. Ist das nicht Elend / daß ich mein Elend nicht beweinen soll.

Zib. Ich will es glauben/es ist ein groß Unglück/wenn man das gestohlene Geld wieder heraus geben soll.

Nab. Ihr Brüder/lasset mich nur itzt mit frieden.

Can. Ey/Bruder hin/Bruder her/ wir müssen unser Geld haben.

Chud. Und ich will auch nicht länger warten.

Zib. Du stummer Hund/wilst du nicht reden/wir sol-len dir gewiß die Sprache hintern Ohren suchen.

Nab. Ihr lieben Cameraden und Freunde. - - - -

(Sie fangen alle an zu schreyen.)

Geld her/Geld her/oder wir brechen dir den Hals.

Nab. Wollet ihr pariren.

(Alle zusammen.)

Nein nein.

Nab.

Nab. So will ich auch nicht befehlen.

(Alle zusammen.)

Wer uns nicht bezahlet / darff uns nicht befehlen.

Nab. Laßt euch doch berichten - - - - - - -

(Sie fangen wieder an zu schreyen/und zerren ihn von einer Seite zur andern.)

Nab. Ihr Brüder/das Geld ist parat, laß mir nur Zeit daß ich es zehlen kan. Es komme einer nach dem andern her / so will ich ihn bezahlen. Kem her Topher. (Er führet ihn auff die Seiten.) Bruder bistu nicht ein Narre / daß du dich mit den Lumpen-Kerlen verwirrest?

Toph. Es hat sich wohl genarret / wenn das Maul fressen will/und kein Geld im Beutel.

Nab. Du weist ja wohl/daß unser Fürst bey der unruhigen Zeit an die bezahlung nicht gedencken kan : und gesetzt : ich bliebe dir den kahlen Qvarck schuldig/ so weistu wohl / was ich zu Hoffe vermag ; der Stuben-Heitzer hat einen guten Dienst.

Toph. Der Stubenheitzer wird mir nichts geben.

Nab. Du tummer Kautz falle mir doch nicht in die Rede / der Stubenheitzer will sterben/und wo du wilst recommendiret seyn / so hastu mich zu einen erschrecklichen Patron.

Toph. Ja wenn ich trauen dörffte/ so möchte es mit der Gage noch anstand haben.

Nab. Ey /wenn ich ein Wort rede / so wird sich niemand widersetzen. Gehe nur hincin/und warte meiner am Schlos-Hofe.

Toph. Ich wils nicht vergessen. (Gehet ab.)

G 2

Nab.

Nab. Glück auff die Reise/ Herr Stubenheißer/ du solst die Charge bekommen/aber imGarten=Hause meine ich/da der Fürst im Sommer Taffel hält/ da solst du den Milcken die Flügel versengen/ das sie den Gästen nicht in Bärten nisteln. Doch weiter in text. Hika und Heka kimt her.

Hika. Ist der Heerpeucker bezahlet?

Nab. O ja es hat alles seine Richtigkeit.

Hek. Aber wie stehts nun mit uns?

Nab. Ihr Phantasten / müst ihr denn mit den andern Schlingeln wieder mich auffstreten? Ihr habt ja gute Sache genung bey mir / und gedencket doch/ wenn itzund ein Jubel=Fest nach dem andern wird gehalten werden/was ihr mit urer Music vor Profit machen könt, Ich bin Platz=Inspector,und wen ich bestelle/der streicht die Pfennige ein.

Hik. Wenn ich endlich trauen dörffte/so wolte ich noch zur Zeit ein Auge zuthun.

Nab. Laß alle beyde Augen offen/ die Sache ist klar genung/gehet nur hinein/ und wartet meiner beym fin=stern Küchen=Gewölbe.

Hek. Wir wollen uns drauff verlassen.

(Gehn ab.)

Nab. Sind meine Felt=Trompeter nicht Narren/ der Fürst will seine Tochter schlachten lassen/ und sie spi=zen sich auff trefliche Jubel=Feste/ da sie die Silberlinge von den Tellern streichen wollen; doch was hilffts/ es ist besser man macht einen Menschen durch eine Lügen frö=lich/als man seinen Nächsten mit der Warheit traurig macht. Hella Canaan.

                             Can.

Can. Hie bin ich. Ist mein Geld gezehlet?

Nab. Seht doch / die Herren Kauffleute meynen/ man kan das Geld so fix hinwerffen als sie. Doch hört guter Freund / Ich habe lange wollen mit euch reden.

Can. Ey/ich bin Redenswegen nicht hier.

Nab. Ist das nicht Schande / daß sich die Leute zu ihrer eigenen Wohlfahrt nicht verstehen wollen. Lasst euch doch was erzehlen. Unser Oberste sagte neulich in Vertrauen/ Eure Person gefiel ihm gar zu wohl/ er hätte eine Kauffmanns = Tochter bey sich/ die wohl auff 10000. Silberlinge an baaren Gelde haben möchte/ und weil man in der Kauffmannschafft das Geld wohl anwenden könte/ so war seine gantze Meynung/ Ihr soltet die Liebste haben. Und darum befahl er mir auch/ ich solte euch itzo keinen Heller geben/ damit ihr auff die Hochzeit einmahl einen baren Pfennig zu hoffen hättet. Also bin ich entschuldiget/daß ich euer Geld wider meinen Willen zurücke behalte.

Can. Wenn ich mir so ein grosses Glücke einbilden dürffte.

Nab. Ey/was einbilden/ es ist schon alles klar/ gehet nur nein/bey der kleinen Tröppe/da man auff die Rauch-Kammer geht/wollen wir weiter davon reden: Ich muß nur den übrigen Berenheutern ihr lumpen Geld auszahlen.

Can. Unterdessen bedanck ich mich vor die gute Nachricht.

Nab. Seht doch den armen Schelmen an/ was er sich schon vor lange Register in die Gedancken schreibet/

bet/da er so eine reiche Heyrath thun soll/ ja/ ja /. hinten
num! die reiche Braut soll noch gebohren werden: Und
ihr Jungfern dort unten/ ist eine/ die auff diesen Herrn
hofft/sie kan ihn vor der reichen Jungfer gar wohl behalten. Doch ich muß den andern auch loß werden/ Chud
wo bleibest du?

Chud. Ich komme nicht eher / als ich geruffen werde.

Nab. Höre/ich habe dein Geld parat, aber wilst du
mirs zum Recompens geben/so kan ich dich itzt an einen
braven Ort recommendiren/der Feld-Herr bedarff einen Laqvayen/und du weist / was ich vor ein Wort bey
ihm zu sprechen habe. Der liebe fromme Herr/ich wolte
lieber bey ihm ein Laqvaye seyn/ als bey manchem Fürsten ein Reichs-Rath.

Chud Herr/ so nothwendig ich das Geld bedarff/
so lieb wäre mir diese Gelegenheit: Ich spendire meine
gantze Gage drauff/wo ich dazu kommen kan.

Nab. Ich habe es in meinen Händen / geh nur dorte
hinter Lecksteins Ecke nim / und warte meiner/ bis ich
komme/da soll die Sache richtig werden.

Chud. Es ist schon gut / ich will es in acht nehmen.

(geht ab.)

Nab. Ja/ ja/ nims in acht/ ich höre die Jungfern in
Mizpa wollen ihre schwartze Kammer-Diener mit Flohr
überziehen lassen/ da solstu der Leib-Schneider darzu
werden. Aber du höltzener Dorff-Teubel/wie lange soll
ich auff dich warten.

Ziba. Soll ich auch Geld kriegen?

Nab.

Nab. Ja/du solt es kriegen/ du Rebelle, du Malcon-
tente, du Flader=Geist/solst du dich wider deine ordent=
liche Obrigkeit auflehnen.

Zib. Ich weiß viel / was die andern gethan haben:
Ich dachte/wer in die Compagnie gehöret/der müste mit
machen.

Nab. Ja/wer in die Compagnie gehöret/ der soll mit
hencken/und daß du es eben weist/ was ich vor ein Cavallier bin/so habe ich die andern schon in die Corps de
Gvarde geschickt /daß sie eine gute Bastonade zum Lohne antreffen sollen. Aber du grober Bauer=Flegel must
mir gewiß durch die Spießruthen lauffen.

Zib. Ey Herr/ was narret ihr euch / ich verstehe mich
viel auff die Händel.

Nab. Nu so laß ich dir die Nase abschneiden/ daß du
den Verstand vor Augen hast.

Zib. (Fällt auf die Erden und weinet.)
O Gnade/Gnade lieber Herr Qvartier=Meister und
Platz=Inspector.

Nab. Weine nicht/ich bin selber eine miserable Per-
son/und wie leicht könte ich wieder Anlaß kriegen / meinen Jungen Gesellen=Stand auff das neue zu beweinen.

Zib. Was soll ich aber thun?

Nab. Ist dir dein Bubenstücke von Hertzen leid?

Zib. Ach ja Herr / ich wolt euch kein Wort mehr sa=
gen/ und wenn ich in zehen Jahren, keine Paasche
kriegte.

Nab. Ich schone deiner kleinen Kinder; Drum hast
du hiermit deinen Abschied/ lauff/ so weit du kanst/ dei-

ne

nie Elende Gage würde nicht zulangen / wenn ich dich
hätte sollen loß geben.

Zib. Grossen Danck / lieber Herr / wir wollen gern
zugleich auffheben.

(läufft davon.)

Nab. Nun hätte ich die losen Vögel vom Halse ge-
weltzet. Aber nun besinn ich mich auff meine vorige Her-
tzens-Angst: Ich werde wohl gehn und einen Trauer-
Mantel borgen / daß die Thränen meiner Junggesellen-
schafft desto kläglicher heraus kommen.

(geht ab.)

Vierdter Handlung /
Erster Auffzug.
(Der Schauplatz ist gantz finster.)

THAMAR. (In Trauer-Kleidern.)

So muß ich nun die betrübte Abend-Zeit mit Weinen und Seufftzen zubringen / weil die angenehme
Sonne mein Hochzeit-Fest nicht beleuchten will / und
weil ich bald in dem hellen Feuer eines gruusamen
Brandopffers meine finstere Todes-Nacht finden
soll? Ach unglückseelige Thamar was wirstu beweinen?
deine Jungferschafft? Welche nun zur höchsten
Schmach als ein unfruchtbarer Baum dahin gewissen wird: Oder deinen liebsten Dodo, welcher sich a-
ber dem brandopffer selbst verzehren muß. Zwar ich
meine / weil ich eine Schwachheit bei mir befinde / wel-

che

che mich weinen heist/und weil die jenigen ihre Thränen so heuffig flieffen laffen./ von welchen ich die Klugheit lernen foll. Sonften würde ich mein Glücke rühmen/ daß ich fo werth gehalten bin/ die Freude des Vaterlands/ und den Fürften-Staat des Herrn Vaters mit meinem Blute zu beftättigen. Ach diefe Weisheit ift mir zu hoch! Vielleicht wolte ich diefe Ehre lieber einer andern überlaffen/welche den tapfferften Printz Dodo noch nicht in ihr Hertze gefaffet hat.

Vierdte Handlung/ Ander Auffzug.

Dodo. Thamar.

Dodo. Schönfte Thamar, ich bin unhöflich/ und verftöre die Gefellfchafft/ welche dem Frauen-Zimmer gewidmet ift.

Tham. Liebgewefener Printz/ich wolte/das Frauen-Zimmer dürffte von mir bleiben.

Dod. Sie wegre fich zu fterben/fo ift ihr Wunfch erfüllet.

Tham. Was ich gezwungen leiden muß/ darinnen darff ich mich nicht wegern.

Dod. Es follen fich Leute finden/welche dem Zwange widerftehen.

Tham. Ich will gehorfam feyn. Wäre dem Himmel das Opffer zuwider/fo hätte fich der Sieg entweder anders fügen müffen/oder mein liebfter Dodo hätte mich durch feine fchleunige Poft nicht zu diefem Unglücke genöthiget.

Dod. Ach fchönfte Thamar, fo bin ich Urfache? Habe ich fie mit meiner unzeitigen Poft auff die Schlacht-banck geführet?   Tham.

Tham. Er gebe sich zufrieden/ es stecket ein Verhängniß dahinter verborgen / welches wir nicht ausforschen können.

Dod. Aber ich sehe sie weinen.

Tham. So lange ich die Jungferschafft beweinen soll/ darff ich meine Weibliche Schwachheit nicht verleugnen.

Dodo. Liebste Thamar, wir wollen ein Land finden/ darinn wir über die Jungferschafft jauchzen können. Will sie mir folgen/ so wird mir nichts unmöglich seyn.

Tham. Ich bin dem Himmel verkaufft: wo will er mich hinführen/ da mich der Eigenthums-Herr nicht abfodern könte?

Dod. Ach Thamar sie erbarme sich!

Th. Da sich niemand über mich erbarmen will/ muß meine Erbarmung freylich vergebens seyn

Dod. Printz Dodo soll sich erbarmen; Sie mache ihn nur zuvor einer Barmhertzigkeit theilhafftig.

Th. Es ist unmöglich.

Dod. Die Liebe soll es möglich machen.

Th. Ach wenn das Brandopffer um meine Glieder herum lodern wird/ so will ich sehn/ ob sich die Glut durch Liebe wird ausleschen lassen.

Dod. Unterdessen kan die Liebe solches verhindern.

Th. Ach mein Printz/ ist es nicht genung/ daß ich so eine Geliebte Person verlieren muß/ soll ich noch durch solche Worte geängstiget werden? Es ist unmöglich. Der Herr Vater hat die stärckeste Wache herum geleget/ auch auff den Bergen sind die Pässe starck besetzt/ daß mich niemand erlösen kan. Drum bitte ich/
Er

r laſſe mich ſterben.Was der Himmel ſodert/das wird
Printz Dodo fahren laſſen.

Dod. Werthſtr Seele!
(will ſie kuſſen.)

THAM. (ſtöſſet ihn von ſich).
Die Jungferſchafft will unverletzet bleiben/ wenn man
ſe beweinen ſoll.

Dod. Was wird dadurch verletzt?
Tham. Mein Gewiſſen.
Dod. Ach warumb habe ich ihrem Beſehl gefolget:
Barum habe ich mein Blut gegen die Ammoniter ge-
wonet? O verflucht ſey der Spieß/der mir an der Seite
weg gieng/daß er nicht den innerſten Punct meines Her-
ns zertheilet hat! Zum wenigſten hätte ich auff der
Bahlſtatt den Wunder-ſüſſen Nahmen Thamar mit
einem Blute in den triumphirenden Sand geſchrie-
n/welcher nun mit bloſſen Thränen ſo lange wird u-
rſchüttet werden/ bis ich kein Blut werde übrig ha-
n.

Tham. Mein Printz/er ſiehet meinen Zwang: Ich
ge zum Tode/und iſt es wahr/daß mein Hertze mit dem
nen iſt verknüpffet geweſen/ ſo laß er mich etwas bit-
.

Dod. Sie befehle mein Engel.
Tham. Er höre auff zu klagen.
Dod. So verſchaffe ſie/ daß ich keine Schmertzen
ſe.

Tham. Ich kan den Tod ſelbſt verachten/ aber
ſ Betrübniß macht/ daß ich ungeduldig ſterben
ß. Er tröſte ſich/ mein Printz/ſo will ich den Tod
groß-

H

großmüthig entgegen gehen. (Dodo weinet.)
Ach mein Hertz/warum will er Thränen vergieſſen? Habe ich nicht Macht/eine geringe Bitte zu begehren? Oder bin ich nicht werth/daß ich mit trockenen Augen angeſehen werde?

(ſie ergreifft ihn bey der Hand)

Mein Printz/warum erſtarret er? Er gebe mir ein angenehmes Wort mit auff den Weg/darbey ich die Bitterkeit des Todes vertreiben kan.

Dodo. Wir wollen mit einander ſterben/daß wir in jener Welt ungeſondert bleiben.

Th Ich weiß/wohin mein Geiſt verſetzet wird: Doch ein Selbſt-Mö. der möchte mir mit der blutigen Seele ſchwerlich nachfolgen.

Dod. Ich will mich opffern laſſen.

Tham. Das Opffer muß von andern geſuchet werden.

Dod. Ach iſt alles unmöglich?

Silpa (kömt)

Das Frauen-Zimmer iſt beyſammen/ wa die Klagen ſollen angefangen werden/ſo haben wir Zeit.

Dod. Ich darff nicht folgen.

Th. Nicht mit dem Leibe. Aber was ich beweine/iſt Printz Dodo: Wiewol mit dem Bedinge/daß mein geliebter Printz alles Leid-Weſens ſoll entübrigt ſeyn : und hiermit zu guter Nacht.

Dod. Zu guter Nacht! Iſt dieſes mein Braut-Geſang?

Tham. Ich gehe/der Himmel gebe ihm Troſt.

(Geht ab.)

Vierd-

erdte Handlung/ Dritter Auffzug.

Dodo

ngerechter Vater / warum hastu mir im Lande
deine Tochter gewiesen/ da sie keinen Bräuti-
solte beygeleget werden? Ich schwere bey den
änen die ich vergossen habe / daß ich deine Hoheit
so viel Blutte benetzen will.   Was frage ich nach
ad/wenn Thamar todt ist? und was frage ich nach
selben/der sich vor meinen Widersacher erkläret ---
h armer Dodo, hastu Gelegenheit zu zürnen/indem
 liebste Thamar weinet?   Kanst du dem Vater
s böses gönnen / welcher bey Thamar selbst ent-
diget wird? Deine Liebe muß zuvor verschwinden/
 du zürnen wilst - - - Aber warum soll Liebe und
 einander nicht begleiten?   Thamar hat mir be-
n ich soll nicht traurig seyn/vielleicht hab ich kein bes-
Mttel wider die Traurigkeit/als die Rache.

ierdte Handlung/Vierdter Auffzug.

Sabad. Reseph. Dodo.

b. Wo werden wir jemand antreffen/ der uns den
 zeigt?

es. Der erste muß der beste Wegweiser seyn.

b.   (zu Dodo.)
 Herr/kan er uns keine Nachricht geben / wo der
 err Thola sein Logiament hat.

od. Was begehret er?

                                      Sab.

Sab. Ich frage nach dem Feld-Herren **Thola.**

Dod. Und was ist bey demselben zu thun?

Sab. Wir sind zwey Abgesandten vom Gebirge Ephraim / und haben ordre Herrn Jephtha wegen der neulichsten Victorie gegen die Ammoniter zu gratuliren: Wenn wir denn zuvor bey dem Feld-Herrn um schleunige Recommendation anhalten möchten / als geschehe uns ein grosser Gefallen / wenn uns die Wohnung gezeiget würde.

Dod. (ad spect.) Dieses sind die rechten Personen die meine Cabale ausführen. Ihr lieben Leute / was habet ihr vor eine vergebene Reise auff euch genommen?

Sab. Wir hoffen / wer mit den Nachtbarn in Freundschafft lebet der thut nichts vergebens.

Dod. Eure Meinung ist gut: Aber ich fürchte / ihr möchtet betrogen werden.

Sab. Die Furcht ist den Kindern Ephraim nicht bekandt.

Dod. Jephtha ist ein Fürst.

Sab. Aber nicht über das gantze Israel.

Dod. Wer in Gilead herrschet / der wird keinen freyen Stand neben sich leiden wollen.

Sab. Es ist vielleicht ein blosser verdacht.

Dod. Ein verdacht; Warum hat er euch zu Hause gelassen / als der Zug gegen die Ammoniter im Wercke war.

Sab. Er hat uns um Hülffe angesprochen.

Dod. Angesprochen / aber nicht verlanget.

Sab. Ich verstehe das Geheimnüß nicht.

Dod. Ins gemein hält man solches Ansprechen vor ein Ehren-Wort: denn es ist doch einem Fürsten

un-

angelegen/daß die Nachtbaren etwas in Waffen ver=
stehen sollen; Seine Sclaven in Gilead sollen den Werk=
zeug der Tyranney alleine führen.

Sab. So wären wir dadurch geschimpffet worden.

Dod. Freylich ist es ein Spott/ der in vielen Zeiten
nicht auszuwischen ist.

Sab. Aber es wäre gleichwohl eine Sache von ge=
fährlicher Conseqvenz.

Dod. Wer zehn Städte auff einmahl zerstören kan/
der wird alle Gefahr verachten. Und ihr guten Leüte/ so
lieb/als euch die Israelitische Freyheit ist/ so wenig ge=
dencket an eine Gratulation, welche der hochmüthige
Bastart vor eine halbe Huldigung erkennen möchte.

Sab. Mein Herr redet recht vernünfftig/ es ist uns
leyd/ daß wir den kostbaren Rathgeber nicht kennen
sollen.

Dod. Last euch begnügen/ daß ich ein Liebhaber der
sämtlichen Israeliter bin/ und daß ich in eurer Armee
den ersten Trop führen will/ wo euch der Muth fehlet/
den Bastart anzufallen.

Sab. In Warheit/ unser Volck hat noch Courage
genung/ es wird den Schimpff nimmermehr auff sich er=
setzen lassen.

Dod. Und wie meine Muthmassung ist/ wird der
Schimpff nicht anders/ als mit Blute bezahlet wer=
den.

Sab. Ich stehe bey mir an/ ob die auffgetragene Ge=
sandschafft ihren Fortgang erreichen soll.

Reseph. Die Eltesten unsers Volckes müssen zuvor
gefraget werden.

Sab.

Sab. Mein Herr / können wir nicht glückselig seyn
den Nahmen unsers Freundes zu erfahren.

Dod. In wenig Tagen sollet ihr meine Person
kennen/ wenn ich euch folgen werde.

Sab. So müssen wir die Hoffnung auff eine kurtze
Zeit anstellen.

Res. Und der Danck muß auch langsamer folgen.
(Sabad und Reseph gehn ab.)

Dod. Halt/ der Krieg soll auff den Nacken kom-
men/ ehe du triumphiren kanst. Ist deine unschuldige
Tochter zum Opffer gut genung/ so mag deine Hoheit auch mir zu einem frölichen Spectacul dienen/ wenn
sie von den Israel ten selbst in den Staub getreten
wird. Du hast meine Liebe versehret/ nun will ich ein
Lermen anfangen/ daß über tausend Weibes-Bilder
in ihrer Hoffnung sollen betrogen werden.
(Geht ab)

Vierdte Handlung Fünffter Auffzug.
Thola Gerson. Wachmeister mit den Soldaten.

Thol. Ihr habet nichts zuversäumen.

Wachm. Gleich jetzt geht der march vor sich.

Thola, Habet genaue achtung/ die Fr- Mutter
hat ein listig Stückgen unter der Hand/ dadurch sie
der Tochter gedencket Hülffe zu thun: Allein wer die
Tochter lässt von dannen kommen/ der soll mit dem Leben büssen.

Wachm. Ihr Exzellenz haben davor nicht zusor-
gen.

Die Pässe sollen so besetzet werden/ daß auch
iber-List nicht hindurch dringen sol.

l. Es wird euch nochmals befohlen/ wer nach-
ist der sol sterben.

(Thola und Gerson reden heimlich)

Bachm. Nun ihr Pursche/ nehmt euch in acht/
zwey Monat wird es nicht viel zu schlaffen geben.

Sold. Gebt uns nur zusauffen/ der Schlaff sol
wol vergehn.

Sold. Oder laßt uns mit dem Frauen-Zimmer
en.

Bachm. Was wilstu weinen?

Sold. Daß sie desto eher fertig werden. Wer
was vor ein Neben-Spiel anginge/darbey man
en könte.

Bachm. Es ist schon gut: nehmet euer Ampt in
/ die Belohnung sol auff den Opffer-Tag mit
nder kommen.

Sold. (ad spect) Ja ja/wenn was zuthun ist/
nd wir reich im Versprechen: Wenn darnach die
lung nicht zulangen will/ so halten sich die Solda-
in den letzten Kasten / da nichts drinne ist.

(gehen ab.

Bachm. (ad spect.) Du guter Kerl/ der ledige
ten kömt wol an uns/uud an andere hohe Offici-
Was wollen sich geringere Personen über dieses
Rament beklagen: doch wer weiß wo ein Bauer
er Nachtbarschafft was zum besten hat/ der uns
Warte-Gelder wegen der Wache bezahlen muß.

H   Vierd-

Vierbter Handlung/Sechster Auffzug.

Gerson. Thola. Elon,

Thol. Es verlanget mich gleichwohl wegen des Ausganges.

Gres. Dieser wird uns den Bericht erstatten. Wie stehts / sind die 2. Gefangenen hingericht?

Elon. Ja sie haben mit ihrem Blute bezahlet; Doch hätte ich nicht gemeinet/ daß ein unbeschnittener Heyde die Furcht des Todes so meisterlich verbergen könnte.

Gers. Worinn bestund dieses Meister-Stück.

Elon. Es wurden zehn Soldaten beordet/ welche Sie in Stücken hauen solten/ da stunden sie mit unerschrockenen Augen/ und sahen die blossen Schwerder auf sie loß dringen: als auch ein Schwerdt dem Vornehmsten schon durch die Achsel fahhren wolte/ ruffte er überlaut/ also muß man des Todes Bitterkeit vertreiben.

Gers. Eine verstellte Bitterkeit schmeckt auch bitter.

Elon. Der andere war noch trotziger. Denn als die rechte Hand schon in dem Sande lag/ und das Blut aus allen Adern hervor spritzte/ schlug er die Lincke über den Kopff/ und drauete/ er wolte aus der Höllen wieder hervor kommen/ und tausend Plage-Geister mit sich bringen.

Gers. Ehe der elende Kerls tausend Geister werben wird/ soll unser Volck einen guten Muth haben.

Thol. Ich wolte / der gute Muth würde uns anderswo nicht verhindert.

Gers.

fers. Das ist ein altes Unglücke; kan es der Fürst
agen / müssen wir zufrieden seyn:

Chol. Ich sorge / es stecke ein neues darhinter: die
Gebürge Ephraim haben sich mit ihrer Gesand-
schfft nicht eingestellet / ohne Zweiffel sind sie zu un-
n grossen Verderben disgustiret worden.

EL. Wie wenn Printz Dodo noch ein Lands-Ver-
er würde?

Chol. Einem Freunde trau ich nichts böses zu. Ein
r nehme sich in acht / und helffe des Fürsten Inter-
-befödern.

(Gehet ab.)

Vierdte Handlung / Siebender
Anffzug.

Joseba. Schual. Ziba.

os. Seyd ihr beysammen?

Zib. Wir sind da Jungefrau/was sollen wir denn
t zu thun bekommen?

os. Meine Tochter beweinet die Jungferschafft
f den Bergen. Wisset ihr keinen Rath / daß wir
ntführen könten.

ch. Uriss entführen hätte es keine Noth / aber
s darzu kommen/würde es harte Nüsse setzen.

os. Ihr Bauern wisset die Schliche.

Zib. Es hat sich wohl: seit die Jäger Soldaten
den/so kan kein Bauer keinen heimlichen Winckel
alten / da er / mit Gunst zu melden/wist ihrs doch
l - - - - - da er seine Schuhe flicken könte.

ch. Nun/wenn wir endlich hören/was unser Lohn

H 2   seyn

seyn solte / so müste man sich bedencken / ob man sich
deswegen in Leib und Lebens-Gefahr setzen dürffte.

Jos. Tausend Silberlinge soll der haben / der mir
meine Tochter lebendig zuführt.

Zib. Nachbar das Geld ist ehrlich / man könte noch
ein gut Kerl darbey bleiben!

Sch. Ich weiß auch wohl / was ich vor eine Wiese
davor kauffen wolte.

Jos. Nun / besinnet euch bald.

Sch. Jungefrau / da habt ihr die Hand: sprecht
Schual ist ein Schelm / wo er die Jungfer nicht steh-
len kan. Aber seyd mir vor den Galgen gut / wenn
Herr Jephtha böse wird.

Jos. Hier habt ihr euer Angeld / das übrige soll euch
gewiß folgen.

(geht ab.)

Zib. Du Narr / warum nimstu Geld / eh die Sache gewiß ist.

Sch. Als wenn unser einer nicht über alle Berge
springen könte.

Zib. Damit kriegen wir aber die Jungfer nicht.

Sch. Wäre ich nur dabey / ich wolte sie wohl behalten. Ich habe ein Pulver / das macht alle thum / das
will ich hin blasen / wenn sie gleich ein paar Stunden
der Pips hat / wir geheyt sich drum!

Zib. Nu / nu / wie schrecklich mustu mit der schwartzen Kuh umgehn / mich dünckt / sie wird dich einmahl
treten.

Sch. Ach nein / bey meinem Pulver ist des Tretens
keinmahl gedacht worden.

Zib. Ey Nachtbar komm fort / daß wir was ver-
bringen.

Vierd-

Vierdte Handlung/Achter Auffzug.

(Nabal kömt und hat einen schwartzen Trauer-Mantel nebenst einen spitzigen Hute mit Flohr/ nur daß die breite Krause hervor guckt; Wie dann ein Knabe mit einer Laterne/wegen des finstern Theatri, von ferne folgen kan.

Nab. Nun ist es mein rechter Ernst/ daß ich meine Jungferschafft eben so ehrlich beweinen will/ als das liebe Kammer-Jungfergen. Denn wer will mir das Weinen verbiethen/ da eines Fürsten-Tochter fast vor die lange Weile dem großmäulichten Menschen-Fresser in das Trenchir-Messer lauffen soll. Wiewohl ich gebe die gute Thamar doppelt drum/ wenn ich nur/ach wenn ich nur; Ja/zum drittenmahl/ ach wenn ich nur entweder das artige Silpgen nicht gesehen hätte/ oder wenn sie nicht ein Opffer-Braten werden solte. Nun/das Unglück ist einmahl da/ habe ich meine Jungferschafft lachende nicht verlieren können/ so will ich sie weinende behalten. Doch auffsehens! Der Lobgesang wird vor dießmahl umsonst anzuhören seyn.

(Nabal singet.)

I.

Komt her ihr Keutzgen/komt ihr Eulen/
    Und höret meine Seufftzer an:
Ja helfft mir selbst mit unter heulen/
    Wenn ich nicht fertig werden kan:

H 3   Ich

Ich soll mit Haut und Haar verderben
Und als ein Junggeselle sterben.

NB. Die letzte Zeile wird allezeit repetiret/
und da verkehrt es Nabal allezeit.

Und als ein junger Esel sterben:

2.

Mein Vater ist kein Jüngling blieben/
　　Als er die Mutter hat gefreyt;
Ich aber werde gar vertrieben/
　　Von der verborgnen Fröligkeit.
Das heist/ ich soll nur gantz verderben/
Und als ein Junggeselle sterben. ij.

3.

Ach hätt es nur noch wenig Tage/
　　Mit dir/mein Kind/ Verzug gehabt/
So hätt ich mich in solcher Plage
　　Zum mästen nur einmahl gelabt/
Da wolt ich doch mit Lust verderben/
Und nicht als Junggeselle sterben. ij.

4.

Ach Schade/ liebe Silpa, Schade/
　　Daß du noch eine Jungfer bist/
Und daß mich arme Käse-Made
　　Nun ferner keine Jungfer küst/
Ach ist kein Mittel vors Verderben/
Soll dieser Junggeselle sterben/ ij.

5. Der

5.

Der Hencker hole diese Mode/
Daß man die reinen Jungfern schlacht/
Man schlage sonsten was zu tode /
Das in der Schencke Possen macht.
So dürfft ich nicht so bald verderben/
Und als ein Junggeselle sterben. ij.

6.

Wiewohl ich bin dazu erkohren/
Ach liebste Silpa gute Nacht;
Nun wird vor mich kein Söhn gebohren/
Und dir wird auch kein Kind ge-- --bracht/
Denn ich muß neben dir verderben/
Und als ein Junggeselle sterben ij.

Indem Nabal den letzten Vers singet / eröffnet sich der innerste Schauplatz/ und præsentiren sich zwey Bäume mit Lichtern be-
steckt/ und auff selbigen zwey Nymphen.
Nabal erschrickt / und bleibt als verstarret
stehen.

Vierdte Handlung/ Neundter Auffzug.

Hilaritas, Fœcunditas auff den Bäumen singende.

So freue dich/ du Segens-volles Land/
Der Himmel hat dem Helden Muth gegebe/

H 4   Und

Und dir den Sieg dermaſſen zuerkannt/
Daß Feld und Stadt in ſichrem Stande leben.

Hilar.

Nun wird das Vieh mit ungemeinen Freuden/
Um dieſe Stärucher weiden.

Fœcund.

Nun wird das Vieh nach frölich-ſiſſen Springen
Gedoppelt Früchte bringen.

Hilar.

Der Schäfer wird mit Pfeiffen und Schalmeyen/
Sich an dem Berge freuen.

Fœcund.

Die Schäferin wird auch mit neuen Früchten/
Ihr ſüſſes Ampt verrichten.

Hilar.

Die gantze Stadt ſoll mit den Sieges-Kräntzen/
Umb dieſe Bäume gläntzen.

Fœcund.

Auch alles Volck wird ſich nach ſolchem Siegen/
In Fruchtbarkeit vergnügen.

Zuſammen.

Wohlan das Volck hat ſich ſchon auffgemacht/
Und Thamar will den ſchönen Hauffen führen:
Ihr Sterne ſteht/ wir dürffen keine Nacht/
Wo Freud und Luſt ein fruchtbar Weſen ſpüren.

Vierd:

Vierdte Handlung/Zehender Auffzug.

Thamar. Asuba. Jedida. Silpa. neben den
übrigen Jungfern/alle in Trauer-
Kleidung/weinende.

Tham. Ich unglückselige!

Asub. Ja recht unglückselig!

Tham. Ich soll die Schmach biß in meinen Todt
tragen.

Jed. Weh mir / daß ich einen fruchtbahren Baum
verderben sehe.

Tham. Weh mir / daß ich einem solchen Baume
muß verglichen werden.

Asub. Ach hat der grausame Vater kein Opffer
übrig gehabt?

Tham. Ach der Herr Vater hilfft mir weinen/
mein Unglück hat ihn dazu genöthiget.

Asub. Ach Thamar, sollen wir keine Hochzeit-
Fackeln anzünden.

Jed. Und sollen wir unsere Musicalische Instrumente dir zu Ehren nimmermehr gebrauchen.

Asub. Soll Jephtha keinen Erben bekommen!

Jed. Und soll die Hoffnung eines Erbens mit Gewalt verstossen werden.

Asub. Ihr schönen Wangen/sollet ihr keinen Bräutigam vergnügen?

Jed. Und ihr zarten Lippen/sollet ihr mit keiner
Vergnügung berühret werden:

Tham. Ach verzeiht mir / liebste Schwestern / daß
ich mein Elend nicht genung beweine!

Asub. Und verzeihe uns/daß unsere Thränen noch zu sparsam fliessen!

Tham. Ich erfahre/ daß eine übermäßige Trau-rigkeit die Thränen auff halten kan.

Jed. O wie annehmlich ist die Jungferschafft / und ach! wie kläglich ist eine immerwährende Jungfer-schafft.

Tham. Ach! wie verzweiffelt ist eine geopfferte Jungferschafft.

(Thamar legt sich auff die Erd und weinet/ Asuba und Jedida singen folgendes / und nach dem andern Gesetze / verlöschen die Lichter auf den Bäumen allgemach/biß es wieder gantz finster wird: Doch damit die fernere Action kan gesehen werden / müs-sen auff der Seite etliche Lichter stehen.

I.

JHr Sterne weicht davon/weil unsre Freude stirbt.
Und diese Jungferschafft ohn alle Frucht verdirbt:
Ergetzt euch anderswo: hier hat ein herbes Ampt/
Die schönste von der Welt zur Thränen-Fluth
verdamt.

2.

Sie wird vor unser Land / ein kläglich Opffer-Lamm /
Das Feuer ist ihr Schmuck/der Stahl ihr Bräu-tigam/

Und

Und was wir itzo thun/ das ist ihr Hochzeitgang/
Ihr Schatz/ihr Zeitvertreib/ihr gantzer Braut-
Gesang.

(Hier verlesschen die Lichter.)

3.

O unglückseligs Kind/daß du nicht würdig bist/
Ein solcher Baum zu seyn/wie deine Mutter ist!
Die Schönheit machet dich znr Fruchtbarkeit ge-
schickt.
Nur daß des Vaters-Grimm dein gantzes Ziel
verrückt.

4.

Drum weicht ihr Sterne weicht/weil unsre Freu-
de stirbt/
Und diese Jungferschafft ohn alle Frucht verdirbt/
Ergötzt euch anderswo : hier hat ein herbes Ampt/
Die schönste von der Welt zur Thränen-Fluth
verdammt.

Vierdte Handlung/Eilffter Auffzug.

(Der innere Schauplatz wird zugezogen der
Wachtmeister mit den Soldaten kömmet/
Nabal versteckt sich hinter einen Strauch)

Wachm. Auff jener Seiten mercken wir nichts.
1. Sold. Hieher wird sich auch niemand getrauet
haben.
2. Sold. Ich habe das Glücke/ daß ich keinen
Men-

Menschen finde. Denn ehe ich komme/sind sie alle aus
Furcht davon gelauffen.

Wachm. Seht doch hinter jenen Strauch / es bewegt sich was.

1. Sold. Ach/ es ist der Wind.

2. Sold. Vielleicht kan uns auch der Wind einen
Possen thun. Es ist darum/ daß wir nachsehen.

1. Sold.   (findet Nabal)

Holla Bruder / was giebt es hier zu verrichten?

Wachm. Ist iemand hier?

1. Sold. Ein Verräther in einem langen Trauer-
Mantel.

(Sie schleppen ihn hervor.)

Wachm. Unter diesem Mantel wolte ich noch eine Jungfer weg partiren. Wer bistu?

1. Sold. Er hat die Sprache hinter dem Strau-
che verlohren.

Wachm. Er soll sie in der Aepffel-Kammer wieder finden. Bindet ihn an dem Baum / biß wir nach-
geforschet haben/ ob im Holtze noch mehr solche Vo-
gelnester anzutreffen seyn.

(Sie binden ihn anund gehen ab.)

Nab. Ich weiß nicht/ was die Narren wollen / es
muß viel an meiner Person gelegen seyn: Denn weil
ich sterben will/ so schicken sie mir Soldaten über den
Halß/ die müssen mich mit Leib und Seel anbinden/
daß ich nicht davon wischen soll. Aber ich will allen Leuten zu trotze sterben/ so bald ich wieder loß komme.

Vierd-

Vierdte Handlung/ Zwölffter Auffzug.

Ziba. Schual.

Zib. Da ist sonst ein Weg/da man nauff klettern kan.

Sch. Klettere voran/ich will folgen.

Zib. Ey Nachbar/ihr seyd noch besser zu Fusse/ ich will hinten nach schrgen.

Sch. Meinetwegen/ich wills wagen.

(Sie wollen an dem Orte hinauff/ da Nabal angebunden ist.)

Nab. Wer will mir einen Bauer auff den Kopff binden.

Zib. (prallt zurücke.)

Stille/ stille/ wir sind verrathen. Heute geht unser klettern nicht an.

(Sie lauffen fort.)

Nab. Hab ich doch nicht gedacht/ daß unter den Gespenstern auch Bauren wären/ das waren gewiß Polter-Geister/ die einmahl in Kriegs-Zeiten da herum ihre Schätze verscharret haben. Wenn ich was zu finden wüste/ so ließ ich mich behandeln/ und bliebe meinem Junggesellen Stande zu Trotze noch ein halb Jahr leben.

Vierdte Handlunb / Dreyzehender Auffzug.

Der Geist des Königes Og zu Basan guckt auß

aus der Erden mit feurigen Augen herfür/ und rufft! Nabal, Nabal.

Nab. Ich habe diesen Abend trefflich das Gereisse: Wer sucht denn nun wieder Audientz bey mir?

(Der Geist rufft noch einmahl.)
(Nabal siehet hin.)

Ey ey/ nun will ich wieder sterben/ wo mir das lose Ding einen Schatz bringen will/ so will ich vor aller Welt protestiren, daß ich nicht davon lauffen kan/ und daß ich an allen meinem Unglücke will unschuldig seyn.

Og. Wiltst du nicht zu mir kommen/ so will ich dich suchen.

(Er kömt sachte heraus.)

Nab. Könt ich lauffen/ ich wolte an einer Stelle seyn/ da du mich soltest ungesucht lassen.   O ich bin dem bösen Dinge so feind/ ich gönne ihm die Augen nicht.

(Er wickelt sich in den Trauer-Mantel.)

Og. Ha! sind die Israeliten noch nicht ersättiget; und sollen meine ehrliche Nachkommen noch ferner ihre Tyranney und Dienstbarkeit über sich nehmen? Verflucht sey die Grausamkeit/ die mich nach so viel hundert Jahren nicht ruhen läst! Aber du Ehrvergessener Dieb/ du bist in mein Gehäge kommen/ du solst erfahren/ was zornige Geister vor Macht haben. Doch komt her ihr Söhne/ bringet eure Klagen wieder diesen Schelmen vor.

(Kedar und Hadad kommen als Geister von unten her.)

Ked.

Ked. Hier sind wir / und verfluchen diese Bestie
daß wir wir von denselben nicht nur schimpflich angebunden / sondern auch an unser Freyheit verhindert
worden.

Had. (Stösset mit der Fackel auff Nabal
loß.)
Ha / du Hund / gib Rechenschafft / warum hast du unfern Schatz nicht haben wollen?

Nab. (Guckt unter dem Mantel hervor /
und redet ad spect.)
Ach ihr Leute / nehmt doch einandermahl den Schatz /
wenn euch ein fetter Bissen angetragen wird. Ich
hätte nimmermehr gedacht / daß man vor solche Einfalt
so viel leiden müste

(Kedar und Hadad zusammen.)
Gib Rechenschafft / oder wir brechen dir den Halß.

Nab. Da wäre ein guter Advocate von nöthen / ich
weiß die Proceß-Ordnung nicht / die man unter solchen
bösen Dingern gebraucht.

Ked. Had. (Zusammen / prüllen.)
Wiltu antworten?

Nabal. (Wirfft den Mantel von sich.)
Wenn ihr mich wollet loß machen / so will ich antworten.

Had. (Stößt mit der Fackel hin.)
Da ist dein Strick zu Staube worden / und darein solstu verwandelt werden / wo du nicht vor unsern Schaden volle Satisfaction giebest.

Nab. Gebt mir doch etliche Tage Bedenckzeit / denn
ich

ich habe mich resolviret zusterben / und darnach will ich wohl so arg seyn/als euer einer.

Had. Du Floch / du solst nicht sterben / aber von uns solstu biß auff den Tod gequälet werden.

Nab. Es steht in euren Belieben / halt nur inne/ biß Jephtha seine Tochter geschlachtet hat.

Had. Was hat Jephtha zu schlachten?

Nab. Er ist so lustig / daß so viel Ammoniter sind geschlachtet worden / nun will er die Tochter opffern lassen/ damit die lieben Leute euers gleichen was ärtiges zur Conversation haben. Merckt ihrs nun wohl/ warum ich gerne sterben will.

(Alle drey Geister zusammen.)

Ha ha ha / ist unser Blut dem Tyrannen schon auf den Kopff kommen.

Og. Wegen dieser Bothschafft, solst du noch acht Tage frist haben.

(Sie verschwinden.)

Nabal. Ich weiß nicht/was alle Tage vor eine neue Mode auff kömmt/ denn ich habe mein Lebtage nicht gehöret/daß ein toder Hund noch beissen kan/ich schwere dem Kerlen/ der meine Silpa schlachten soll/ich will ihn mit einer solchen Fackel ein Sinnbild auff den Backen brennen/ daß er des Jungfer=Schlachtens hundert Jahr vergessen soll.

(geht ab.)

Vierd=

Vierdte Handlund / Vierzehender
Auffzug.
Canaan. Wachmeister.

Can. Ich habe mich von meinem Officirer loß gemacht: und also geht es mit mir wieder auff die Kauffmannschafft loß: Nur ein kleiner Punct fehlet mir
wegen einer reichen Heyrath / darinnen ich gerne wohl
fischen wolte. Zwar ich höre/ daß in diesem lustigen
Walde ein Auszug von allen reichen Frauenzimmer
anzutreffen sey/; Wenn ich bey Gelegenheit meine
Person præsentiren könte: So würde sich mein Ziel
vielleicht desto besser avanciren lassen.

Wachm. (Springt heraus.)

Wer hat hier was zu suchen.

Can. Mein Herr/ist diß der Ort/ da die Jungfern
versamlet seyn?

Wachm. Was bewegt euch zu dieser Frage?

Can. Ich wolte Bekandschafft suchen.

Wachm. Ich höre schon/ was der Herr im Sinn
hat/ich will ihm einen Diener zugeben/ der soll ihm den
rechten Weg auf die Berge führen; Denn sonst möchte er irgend in einen Holtz-Weg verfallen / daraus er
den gantzen Tag schwerlich kommen würde.

Can. Ich bedancke mich vor das gute Anbiethen.

Wachm. Da ihr Pursche / hier ist ein Liebhaber
vor das Frauen-Zimmer. Ihr wisset schon/ wo er
hingehört.

1. Sold. Ja / ja / er soll sich nicht verirren.

(führen ihn ab.)

J   Wachm.

Wachm. Solte dieser nicht ein Abgeordneter von
der Fürstin seyn? O verflucht sey die Weiber-List/wel-
che den Männern so viel zuschaffen macht! Es würde
manch ehrlicher Soldate/seine Ruh geniessen/ wenn
er nicht einen Berg voll Weibes-Bilder/ich hätte bald
gesagt/einen Sack voll schwartze Cammer-Diener/
wieder andere Weibes-Bilder zubewachen hätte. So
wird uns das Leben sauer/da wir die Personen in unsere Gewalt haben/ denen alle Welt / ich weiß nicht
was vor eine Süßigkeit insgemein zuschreibet. O ir-
raisonable expedition vor einen Cavallier/der sich
lieber mit zwantzig Männern im Felde herum schlägt/
als daß er im Walde eine Armee heulende Jungfern
soll in acht nehmen.   Allein/ wer mir Gage giebet/
dessen Ordre muß ich pariren.

(geht ab.)

Fünffte Handlung/
Erster Auffzug.

Dodo, Joseba.

Wehe mir/daß ich mit mir selbst nicht einig bin! Ich
war im Begriffe/ den Ephraimitern zu folgen: nun
zeucht mich ein halb todter Magnet zurücke: Und indem ich den Ausgang erwarten will/werde ich von der
Fürstin erfodert/eine gute Zeitung anzuhören. Wo ich
mich anders besinne/ so ist dieses der Ort/da ich meine
unverhoffte Fröligkeit suchen soll.

Jo:

Joseba. (kömmt.)

Ach willkommen/liebster Printz/ ist er schon hier?

Dod. In solchen Befehlen bin ich nicht langsam.

Jos. Die Sache selbst verbeut uns langsam zu seyn. Denn es sind 2. Bauren so kühne gewesen/ und haben meine Tochter von den Bergen weggeführet: nun will ich fragen/ob er sich seiner Liebsten versichern/ und ohne den Väterlichen Brautschatz im Lande Tob ein fröliches Beylager anstellen will.

Dod. Ich verstarre vor Freuden!

Jos. Die Zeit läßt uns nicht verstarren; In solchen Fällen ist eine Viertel-Stunde kostbar.

Dod. So will ich meine Danckbarkeit ietzo ersparen.

Jos. Nur ich weiß nicht/wie hoch die ehrlichen Bauren sollen belohnet werden.

Dod. Einfältige Leute müssen mit einfältigen Lohne vorlieb nehmen/ daß sie nicht wissen/ wie hoch bißweilen ein Bauer die höchste Fürstin verbinden kan.

Jos. Es ist an dem. Allein/wäre die gestrige Nacht nicht glücklich gewesen/ so hätten die Bauren wenig Princk-Geld zu gewarten gehabt. Denn heute soll das Opffer gewiß vor sich gehen.

Dod. Aber was wird Fürst Jephtha sagen?

Jos. Er mag dieselben richten/die es gethan haben.

Dod. Im Lande Tob soll uns niemand richten.

Fünffte Handlung/Ander Auffzug.

Joseba. Dodo. Schual. Ziba kommen.

Jos. Nun ihr ehrlichen Leute/ habt ihr eure Arbeit gethan.

J 2

Schu. Ja/ wir sind dasmahl fertig; aber/ ich will kein ehrlicher Kuhmelcker seyn/ wo wir nicht hundert mahl von den Schabhälsichten Soldaten sind verstöret worden.

Zib. Einmahl kletterte ich den Berg hinan/ und da fing alles hinter mir an zuleben/daß ich vor Angst bald mein Klettern vergessen hätte.

Schu. Und ich kriegte einmahl einen verflogenen Kiesel-Stein auff den Puckel/ und hätte ichs nur gesagt/wie mirs so weh thäte/ so wäre mir mein Brodt gebacken gewesen.

Jos. Wo ist sie aber?

Zib. Stille/sie ist in dem Hause/wir wollen sie bald heraus bringen.

Schu. Es ist eine hübsche Dirne/ es wäre ewig Schade/wenn sie ihre Jungferschafft solte mit in die Grube nehmen; Nun haltet uns nicht auff.

Dod. Ich kenne mich vor Freuden selber nicht.

(Sie kommen und bringen Asuba)

Asub. Ach/wohin führet ihr mich?

Dod. Wer ist diese?

Zib. Herr/euer Jungfer.

Asub. Ach/ist jemand/der sich über ein armes Weibes-Bild erbarmen kan/ der komme mir zu Hülffe. Ich weiß nicht/warum ich in diesem furchtsamen Orte leben muß.

Jos. Ich sehe/ die Bauren sind geitzig gewesen/ und haben sich an einer nicht genügen lassen. (ad Asub.) Gute Tochter/ gebet euch zufrieden/ ihr seyd wohl auffgehoben. (ad Zib.) Aber ihr Bauren/bringet mir doch die andere auch, heraus.

Zib.

Zib. Ich dachte/noch ein halb Schock: Die eintzige ist uns sauer genung zu stehlen ankommen/wenn ich noch eine hätte bringen sollen / so müste ich sie verschlungen haben. Denn auf dem Puckel haben zwey solche Struntzen nicht Raum.

Jos. Ich will meine Tochter haben.

Zib. Da steht die Tochter.

Jos. Wäre dieses meine Tochter / so fragte ich nicht.

Schu. Du tummer Ochse/sagte ichs nicht / du solst dich unter den Jungfern nicht vergreiffen.

Zib. (Fänget an zu heulen.)

O Zeter/über unser tausend Silberlinge. Je greiff/ je greiff/ daß du must in was anders greiffen. Ach/ Gnädigste Frau/seyd barmhertzig / ich armer Tölpel habe es aus guter Meinung gethan; ist mir etwas nicht gerathen / so ist der Hencker ein Schelme worden.

Jos. (Stellt sich rasende.)

O weh/ meine Tochter / solstu noch geschlachtet werden! kom/ich will dir biß in Todt folgen/oder / wenn ich leben soll/will ich dem Kinder-Mörder zuvor den Hals brechen/ und darnach will ich deine Gesellschafft weiter suchen.

(Sie läufft hinein/ Dodo stehet in tieffen Gedancken.)

Sch. Du alte Grase-Tasche/ was stehestu nun: Du wirst so lange heulen/ biß dir der Herr da mit seinen blossen Degen die Augen wischt.

Zib. Ich liesse gern davon/ ich weiß nur nicht ob ich darff.

Schu.

Schu. Wenn dich der Puckel juckt/ so kanstu fragen.

Zib. Ey Nachbar/ich will ein bißgen auff die Seite gehen/ wenn iemand nach mir fragt/ so sprich nur/ die
gestrigen Wacholder-Beeren wären mir gar in Kopff
gestiegen

Schu. Du kanst wohl gehen; aber daß ich dein Vorsprecher seyn soll/ davor bedancke ich mich gar freund-
lich; Komm/ wir wollen um die Wette lauffen / wer
am ersten im Dorffe ist.

(Sie lauffen davon.)

Fünffte Handlung/ Dritter Auffzug.

Asub.   Dodo.

Asub. Worzu werde ich noch übrig behalten?

Dod. Mademoiselle, es ist ihr und unser Unglück/
daß sie an diesen Orte stehet,

As. Aber ein tapfferer Printz wird eine verlassene
Weibes-Person nicht in Unglücke stecken lassen.

Dod. Soll ich helffen? wenn ich zuvor einen Rath
gefunden hätte.

As. Ach Printz/ er helffe mir zu meiner Freyheit.

Dod. Sie begehret dieses von einer Person/ die
selbst gefangen ist.

As. Er beschütze mich.

Dod. Sie hat hier keinen Feind.

As. Aber ich bin furchtsam.

Dod.   (Geht auff die Seite.)

Einfältiger Printz/ warum hast du dich wegen eines
Weibes-Bildes fast auff den Todt gegrämet/ da doch
dieser schlechte Verlust mit andern Personen kan er-
setzet/ und allen Ansehen nach/ verbessert werden. Wa

Tha-

Thamar einen Liebsten in jener Welt suchen / so mag
sie wissen/ daß ich die Liebe noch in dieser Welt geniessen will. Die gegenwärtige Person soll mein Vorhaben am besten secundiren.

(Er gehet auff sie zu.)

Af. Ach ist keine Hülffe mehr.

Dod. Schönstes Fräulein/sie befehle/ich werde gehorsam seyn.

A. Ich verstehe diese Sprache nicht: Doch will
mein Printz so gnädig seyn/ und Verfügung thun/
daß ich zu meiner Frau Mutter gelangen kan/ so würde ich alles mit demüthigen Dancke zu rühmen wissen.

Dod. Sie vergebe mir/daß ich diesem Befehl un-
gehorsam bin; das Glücke hat ihre Person hieher ge-
liessert/ich will dem Glücke dancken/ wenn ich sie behalten werde.

Af. Ach Printz/ was thut er mit einem verlassenen
Weibes-Bilde?

Dod. Was ich sonst mit der geschlachteten Thamar würde gethan haben. Sie hat einmahl in der
Entführung ihre Stelle vertreten / sie mag auch ferner den Platz in meiner Liebe behalten.

As. Mein Printz/ich erkenne meine Unwürdigkeit.

Dod Thamar hat sie vor diesen ihrer besten Freundschafft gewürdiget/ so werde ich auch desto kühner seyn/
in dieser Freundschafft eine Stelle zu suchen.

Af. Ich muß schweigen.

Dod. Und ich bin zufrieden. Denn der Jungfer Stillschweigen ist so gut/ als ein Jawort.

(gehn ab.)

J 4

Fünff-

Fünffte Handlung/ Vierdter Auffzug.

(Der innerste Schauplatz öffnet sich.)

Jephtha. Thola. Gerson. Jair. Elon.

Jeph. Ich habe mich bezwungen. Denn gleich wie GOtt einen frölichen Geber lieb hat/ also würde dieses ein undanckbares Opffer seyn/ wobey ich meine Freygebigkeit beweinete.

Thol. Die Unterthanen verwundern sich über diese Tugend.

Gers. Und wer sein Wort einer solchen Liebe wegen nicht brechen läst/der giebt den Unterthanen Hoffnung/ es werde die Gerechtigkeit in keinem Stücke gebrochen werden.

Jeph. Ist auch Printz Dodo zufrieden.

Thol. Er hat sich der Gesellschafft geeußert/ vielleicht Euer Durchl. keinen Verdruß zu erwecken.

Jeph. Aber mein Jair, was sagen die Leute darzu.

Jair. Des Fürsten Wollen ist ihr Gesetze; sie waren der unschuldigen Tochter wegen betrübt/ u. wären durch demüthige Vorbitte gern zu statten kommen wenn sie gemeinet hätten / daß ein theures Gelübde dürffte gebrochen werden/ wiewol -- -- -- --

Jeph. Redet nur weiter.

Jair. Ich habe nichts mehr zu reden.

Jeph. Es war etwas auff der Zunge/ welches ich hören will.

Jair. Ich wolte sagen/ die gesamten Weibes-Bilder würden vielleicht eine wehmüthige Protestation wieder dieses Opffer einlegen.

Thol.

Thol. Und was haben die Weiber den Männern vorzuschreiben.

Jair. Sie fürchten sich / es möchten dergleichen in gefährliche Obſervanz gebracht werden.

Thol. Die einfältigen Leute verſtehen die Gelübde nicht/ welche gar ſelten wiederholet werden.

Jair. Doch muß bey dem ſchwachen Werck-Zeuge einige unwiſſenheit entſchuldiget werden.

Thol. Auff die Maſſe werden die Weiber das Regiment führen.

Jair. Wenn ſie es aber mit Thränen ſuchten / ſo würde niemand an der unterthänigſten Demuth zweiffeln.

Thol. Deſto ſchimpfflicher iſt das Regiment / wo ſich ein großmüthiger Held durch ohnmächtige Thränen bezwingen läſt.

Jeph. Der Sache iſt zu rathen / wenn das Opffer in wenig Stunden ſeinen Fortgang hat. Elon, gehet/ und befehlet dem Schul-Oberſten Micha, er ſolle ſich zu dieſer Feſtivität parat halten. Ihr andern macht gute Anſtalt / damit unſer GOttes-Dienſt durch keinen unnöthigen Tumult zerſtöret werde.

(Sie gehn ab.)

Fünffte Handlung / Fünffter Auffzug.

Elon.

Sol ich nun der unglückſelige Bothe ſeyn / und die Crone des Frauen-Zimers durch meinen Mund verurtheilen helffen? Ich gedachte/ meine Legation würde mir gar anders belohnet / und vielleicht (ach was re-

J 5

aus der Erden mit feurigen Augen herfür/
und rufft! Nabal, Nabal,

Nab. Ich habe diesen Abend trefflich das Gereisse:
Wer sucht denn nun wieder Audientz bey mir?

(Der Geist rufft noch einmahl.)
(Nabal siehet hin.)

Ey ey/ nun will ich wieder sterben/ wo mir das lose
Ding einen Schatz bringen will/ so will ich vor aller
Welt protestiren, daß ich nicht davon lauffen kan/
und daß ich an allen meinem Unglücke will unschuldig
seyn.

Og. Wilst du nicht zu mir kommen/ so will ich dich
suchen.

(Er kömt sachte heraus.)

Nab. Könt ich lauffen/ ich wolte an einer Stelle
seyn/ da du mich soltest ungesucht lassen.   O ich bin
dem bösen Dinge so feind/ ich gönne ihm die Augen
nicht.

(Er wickelt sich in den Trauer-Mantel.)

Og. Ha! sind die Israeliten noch nicht ersättiget;
und sollen meine ehrliche Nachkommen noch ferner ihre Tyranney und Dienstbarkeit über sich nehmen?
Verflucht sey die Grausamkeit/ die mich nach so viel
hundert Jahren nicht ruhen läst! Aber du Ehrverge-
sener Dieb/ du bist in mein Gehäge kommen/ du solst
erfahren/ was zornige Geister vor Macht haben. Doch
komt her ihr Söhne/ bringet eure Klagen wieder diesen Schelmen vor.

(Kedar und Hadad kommen als Geister von
unten her.)

Ked.

Ked. Hier sind wir / und verfluchen diese Bestie
daß wir wir von denselben nicht nur schimpflich angebunden / sondern auch an unser Freyheit verhindert
worden.

Had. (Stöſſet mit der Fackel auff Nabal
loß.)
Ha / du Hund / gib Rechenschafft / warum haſt du unſern Schatz nicht haben wollen?

Nab. (Guckt unter dem Mantel hervor /
und redet ad ſpect.)
Ach ihr Leute / nehmt doch einandermahl den Schatz /
wenn euch ein fetter Biſſen angetragen wird.   Ich
hätte nimmermehr gedacht / daß man vor ſolche Einfalt
ſo viel leiden müſte

(Kedar und Hadad zuſammen.)
Gib Rechenſchafft / oder wir brechen dir den Halß.

Nab. Da wäre ein guter Advocate von nöthen / ich
weiß die Proceß-Ordnung nicht / die man unter ſolchen
böſen Dingern gebraucht.

Ked. Had. (Zuſammen / prüſſen.)
Wilſtu antworten?

Nabal. (Wirfft den Mantel von ſich.)
Wenn ihr mich wollet loß machen / ſo will ich antworten.

Had. (Stöſt mit der Fackel hin.)
Da iſt dein Strick zu Staube worden / und darein ſol-
ſtu verwandelt werden / wo du nicht vor unſern Schaden volle Satisfaction giebeſt.

Nab. Gebt mir doch etliche Tage Bedenckzeit / denn
ich

ich habe mich resolviret zusterben/ und darnach will
ich wohl so arg seyn/als euer einer.

Had. Du Floch/ du solst nicht sterben/ aber von
uns solstu biß auff den Tod gequälet werden.

Nab. Es steht in euren Belieben/ halt nur inne/
biß Jephtha seine Tochter geschlachtet hat.

Had. Was hat Jephtha zu schlachten?

Nab. Er ist so lustig/ daß so viel Ammoniter sind
geschlachtet worden/ nun will er die Tochter opffern
lassen/ damit die lieben Leute euers gleichen was ärtiges zur Conversation haben. Merckt ihrs nun wohl/
warum ich gerne sterben will.

(Alle drey Geister zusammen.)

Ha ha ha/ ist unser Blut dem Tyrannen schon auf
den Kopff kommen.

Og. Wegen dieser Bothschafft, solst du noch acht
Tage frist haben.

(Sie verschwinden.)

Nabal. Ich weiß nicht/was alle Tage vor eine neue
Mode auffkömmt/ denn ich habe mein Lebtage nicht
gehöret/daß ein toder Hund noch beissen kan/ich schwere dem Kerlen/ der meine Silpa schlachten soll/ich will
ihn mit einer solchen Fackel ein Sinnbild auff den
Backen brennen/ daß er des Jungfer = Schlachtens
hundert Jahr vergessen soll.

(geht ab.)

Vierdte Handlund / Vierzehender Auffzug.

Canaan. Wachmeister.

Can. Ich habe mich von meinem Officirer loß gemacht: und also geht es mit mir wieder auff die Kauffmannschafft loß: Nur ein kleiner Punct fehlet mir
wegen einer reichen Heyrath/darinnen ich gerne wohl
fischen wolte. Zwar ich höre/ daß in diesem lustigen
Walde ein Auszug von allen reichen Frauenzimmer
anzutreffen sey/; Wenn ich bey Gelegenheit meine
Person præsentiren könte: So würde sich mein Ziel
vielleicht desto besser avanciren lassen.

Wachm. (Springt heraus.)

Wer hat hier was zu suchen.

Can. Mein Herr/ist diß der Ort/da die Jungfern
versamlet seyn?

Wachm. Was bewegt euch zu dieser Frage?

Can. Ich wolte Bekandschafft suchen.

Wachm. Ich höre schon/was der Herr im Sinn
hat/ich will ihm einen Diener zugeben/der soll ihm den
rechten Weg auf die Berge führen; Denn sonst möchte er irgend in einen Holtz-Weg verfallen/ daraus er
den gantzen Tag schwerlich kommen würde.

Can. Ich bedancke mich vor das gute Anbiethen.

Wachm. Da ihr Pursche / hier ist ein Liebhaber
vor das Frauen-Zimmer. Ihr wisset schon/wo er
hingehört.

1. Sold. Ja / ja/ er soll sich nicht verirren.

(führen ihn ab.)

J Wachm.

Joachim. Solte dieser nicht ein Abgeordneter von
der Fürstin seyn? O verflucht sey die Weiber-List/wel-
che den Männern so viel zuschaffen macht! Es würde
manch ehrlicher Soldate/seine Ruh geniessen/ wenn
er nicht einen Berg voll Weibes-Bilder/ich hätte bald
gesagt/einen Sack voll schwartze Cammer-Diener/
wieder andere Weibes-Bilder zubewachen hätte. So
wird uns das Leben sauer/da wir die Personen in unsere Gewalt haben/ denen alle Welt /-ich weiß nicht
was vor eine Süßigkeit insgemein zuschreibet. O ir-
raisonable expedition vor einen Cavallier/ der sich
lieber mit zwantzig Männern im Felde herum schlägt/
als daß er im Walde eine Armee heulende Jungfern
soll in acht nehmen. Allein/ wer mir Gage giebet/
dessen Ordre muß ich pariren.

(geht ab.)

Fünffte Handlung/
Erster Auffzug.

Dodo, Joseba.

Wehe mir/daß ich mit mir selbst nicht einig bin! Ich
war im Begriffe/ den Ephraimitern zu folgen: nun
zeucht mich ein halb todter Magnet zurücke: Und indem ich den Ausgang erwarten will/werde ich von der
Fürstin erfodert/eine gute Zeitung anzuhören. Wo ich
mich anders besinne/ so ist dieses der Ort/da ich meine
unverhoffte Frölichkeit suchen soll.

Jo-

Joseba.   (kömmt.)

Ach willkommen/liebster Printz/ ist er schon hier?

Dod. In solchen Befehlen bin ich nicht langsam.

Jos. Die Sache selbst verbeut uns langsam zu seyn. Denn es sind 2. Bauren so kühne gewesen/ und haben meine Tochter von den Bergen weggeführet: nun will ich fragen/ob er sich seiner Liebsten versichern/ und ohne den Väterlichen Brautschatz im Lande Tob ein fröliches Beylager anstellen will.

Dod. Ich verstarre vor Freuden!

Jos. Die Zeit läst uns nicht verstarten; In solchen Fällen ist eine Viertel=Stunde kostbar.

Dod. So will ich meine Danckbarkeit vorietzo ersparen.

Jos. Nur ich weiß nicht/wie hoch die ehrlichen Bauren sollen belohnet werden.

Dod. Einfältige Leute müssen mit einfältigen Lohne vorlieb nehmen/ daß sie nicht wissen/ wie hoch bißweilen ein Bauer die höchste Fürstin verbinden kan.

Jos. Es ist an dem. Allein/wäre die gestrige Nacht nicht glücklich gewesen/ so hätten die Bauren wenig Trinck=Geld zu gewarten gehabt. Denn heute soll das Opffer gewiß vor sich gehen.

Dod. Aber was wird Fürst Jephtha sagen?

Jos. Er mag dieselben richten/die es gethan haben.

Dod. Im Lande Tob soll uns niemand richten.

Fünffte Handlung/Ander Auffzug.

Joseba. Dodo. Schual. Ziba kommen.

Jos. Nun ihr ehrlichen Leute/ habt ihr eure Arbeit gethan.

Schu. Ja/ wir sind dasmahl fertig; aber/ ich will kein ehrlicher Kuhmelcker seyn/ wo wir nicht hundert mahl von den Schabhälsichten Soldaten sind verstöret worden.

Zib. Einmahl kletterte ich den Berg hinan/ und da fing alles hinter mir an zuleben/daß ich vor Angst bald mein Klettern vergessen hätte.

Schu. Und ich kriegte einmahl einen verflogenen Kiesel-Stein auff den Puckel/ und hätte ichs nur gesagt/ wie mirs so weh thäte/ so wäre mir mein Brodt gebacken gewesen.

Jos. Wo ist sie aber?

Zib. Stille/sie ist in dem Hause/wir wollen sie bald heraus bringen.

Schu. Es ist eine hübsche Dirne/ es wäre ewig Schade/ wenn sie ihre Jungferschafft solte mit in die Grube nehmen; Nun haltet uns nicht auff.

Dod. Ich kenne mich vor Freuden selber nicht.

(Sie kommen und bringen Asuba)

Asub. Ach/wohin führet ihr mich?

Dod. Wer ist diese?

Zib. Herr/euer Jungfer.

Asub. Ach/ist jemand/der sich über ein armes Weibes-Bild erbarmen kan/ der komme mir zu Hülffe. Ich weiß nicht/warum ich in diesem furchtsamen Orte leben muß.

Jos. Ich sehe/ die Bauren sind geitzig gewesen/ und haben sich an einer nicht genügen lassen. (ad Asub.) Gute Tochter/ gebet euch zufrieden/ ihr seyd wohl auffgehoben. (ad Zib.) Aber ihr Bauren/bringet mir doch die andere auch, heraus.

Zib.

Zib. Ich dachte/noch ein halb Schock: Die eintzige ist uns sauer genung zu stehlen ankommen/wenn ich noch eine hätte bringen sollen / so müste ich sie verschlungen haben. Denn auf dem Puckel haben zwey solche Struntzen nicht Raum.

Jos. Ich will meine Tochter haben.

Zib. Da steht die Tochter.

Jos. Wäre dieses meine Tochter / so fragte ich nicht.

Schu. Du tummer Ochse/sagte ichs nicht / du solst dich unter den Jungfern nicht vergreiffen.

Zib. *(Fänget an zu heulen.)*
O Zeter/über unser tausend Silberlinge. Je greiff/ je greiff/daß du must in was anders greiffen. Ach/ Gnädigste Frau/seyd barmhertzig / ich armer Tölpel habe es aus guter Meinung gethan; ist mir etwas nicht gerathen / so ist der Hencker ein Schelme worden.

Jos. *(Stellt sich rasende.)*
O weh/meine Tochter / solstu noch geschlachtet werden! kom/ich will dir biß in Todt folgen/oder / wenn ich leben soll/will ich dem Kinder-Mörder zuvor den Hals brechen/ und darnach will ich deine Gesellschafft weiter suchen.

(Sie laufft hinein/ Dodo stehet in tieffen Gedancken.)

Sch. Du alte Grase-Tasche/ was stehestu nun: Du wirst so lange heulen/ biß dir der Herr da mit seinen blossen Degen die Augen wischt.

Zib. Ich liesse gern davon/ ich weiß nur nicht/ob ich darff.

Schu.

gestiegen

Schu. Du kanst wohl gehen; aber daß ich dein Vorsprecher seyn soll/davor bedancke ich mich gar freund-
lich; Komm/wir wollen um die Wette lauffen/ wer
am ersten im Dorffe ist.

(Sie lauffen davon.)

Fünffte Handlung/Dritter Auffzug.

Asub.   Dodo.

Asub. Worzu werde ich noch übrig behalten?

Dod. Mademoiselle, es ist ihr und unser Unglück/
daß sie an diesen Orte stehet.

Af. Aber ein tapfferer Printz wird eine verlassene
Weibes-Person nicht in Unglücke stecken lassen.

Dod. Soll ich helffen? wenn ich zuvor einen Rath
gefunden hätte.

Af. Ach Printz/er helffe mir zu meiner Freyheit.

Dod. Sie begehret dieses von einer Person/die
selbst gefangen ist.

Af. Er beschütze mich.

Dod. Sie hat hier keinen Feind.

Af. Aber ich bin furchtsam.

Dod.   (Geht auff die Seite.)

Einfältiger Printz/warum hast du dich wegen eines
Weibes-Bildes fast auff den Todt gegrämet/da doch
dieser schlechte Verlust mit andern Personen kan er-
setzet/und allen Ansehen nach/verbessert werden. Wil

Tha-

(Er gehet auff sie zu.)

Aſ. Ach iſt keine Hülffe mehr.

Dod. Schönſtes Fräulein/ſie befehle/ ich werde gehorſam ſeyn.

Aſ. Ich verſtehe dieſe Sprache nicht: Doch will mein Printz ſo gnädig ſeyn/ und Verfügung thun/ daß ich zu meiner Frau Mutter gelangen kan/ ſo würde ich alles mit demüthigen Dancke zu rühmen wiſſen.

Dod. Sie vergebe mir/ daß ich dieſem Befehl ungehorſam bin; das Glücke hat ihre Perſon hieher gelieffert/ ich will dem Glücke dancken/ wenn ich ſie behalten werde.

Aſ. Ach Printz/ was thut er mit einem verlaſſenen Weibes-Bilde?

Dod. Was ich ſonſt mit der geſchlachteten Thamar würde gethan haben. Sie hat einmahl in der Entführung ihre Stelle vertreten/ ſie mag auch ferner den Platz in meiner Liebe behalten.

As. Mein Printz/ ich erkenne meine Unwürdigkeit.

Dod. Thamar hat ſie vor dieſen ihrer beſten Freundſchafft gewürdiget/ ſo werde ich auch deſto kühner ſeyn/ in dieſer Freundſchafft eine Stelle zu ſuchen.

Aſ. Ich muß ſchweigen.

Dod. Und ich bin zufrieden. Denn der Jungfer Stillſchweigen iſt ſo gut/ als ein Jawort.

(gehn ab.)

J 4   Fünff-

Fünffte Handlung / Vierdter Auffzug.

(Der innerste Schauplatz öffnet sich.)

Jephtha, Thola, Gerson. Jair. Elon.

Jeph. Ich habe mich bezwungen. Denn gleich wie GOtt einen frölichen Geber lieb hat / also würde dieses ein undanckbares Opffer seyn / wobey ich meine Freygebigkeit beweinete.

Thol. Die Unterthanen verwundern sich über diese Tugend.

Gers. Und wer sein Wort einer solchen Liebe wegen nicht brechen läst / der giebt den Unterthanen Hoffnung / es werde die Gerechtigkeit in keinem Stücke gebrochen werden.

Jeph. Ist auch Printz Dodo zufrieden.

Thol. Er hat sich der Gesellschafft geeußert / vielleicht Euer Durchl. keinen Verdruß zu erwecken.

Jeph. Aber mein Jair, was sagen die Leute darzu.

Jair. Des Fürsten Wollen ist ihr Gesetze; sie waren der unschuldigen Tochter wegen betrübt / und wären durch demüthige Vorbitte gern zu statten kommen wenn sie gemeinet hätten / daß ein theures Gelübde dürffte gebrochen werden / wiewol -- -- -- --

Jeph Redet nur weiter.

Jair. Ich habe nichts mehr zu reden.

Jeph. Es war etwas auff der Zunge / welches ich hören will.

Jair. Ich wolte sagen / die gesamten Weibes-Bilder wollen vielleicht eine wehmüthige Protestation wieder dieses Opffer einlegen.

Thol.

Thol. Und was haben die Weiber den Männern vorzuschreiben.

Jair. Sie fürchten sich / es möchten dergleichen in gefährliche Observanz gebracht werden.

Thol. Die einfältigen Leute verstehen die Gelübde nicht / welche gar selten wiederholet werden.

Jair. Doch muß bey dem schwachen Werck-Zeuge einige Unwissenheit entschuldiget werden.

Thol. Auff die Masse werden die Weiber das Regiment führen.

Jair. Wenn sie es aber mit Thränen suchten / so würde niemand an der unterthänigsten Demuth zweiffeln.

Thol. Desto schimpfflicher ist das Regiment / wo sich ein großmüthiger Held durch ohnmächtige Thränen bezwingen läst.

Jeph. Der Sache ist zu rathen / wenn das Opffer in wenig Stunden seinen Fortgang hat. Elon, geht / und befehlet dem Schul-Obersten Micha, er solle sich zu dieser Festivität parat halten. Ihr andern macht gute Anstalt / damit unser GOttes-Dienst durch keinen unnöthigen Tumult zerstöret werde.

(Sie gehn ab.)

Fünffte Handlung / Fünffter Auffzug.

Elon.

Sol ich nun der unglückselige Bothe seyn / und die Crone des Frauen-Zimers durch meinen Mund verurtheilen helffen? Ich gedachte / meine Legation würde mir gar anders belohnet / und vielleicht, (ach was

J 5   re-

rede ich von unmöglichen Sachen! doch ich meinte/
es würde vielleicht mit einer solchen Verbündniß belohnet werden / darbey ich meine Person etwas fröli-
cher spielen könte. Wiewohl des Fürsten Befehl muß
erfüllet werden/ ich suche den Schul-Obersten.

Fünffte Handlung/ Sechster Auffzug.

Micha, Elon.

Elon. Sieh da/ er kömmt mir gleich gelegen.

Mich. Was giebt es neues/darbey meine Gegenwart von nöthen ist.

El. Es kömmet Befehl von Fürst Jephtha, es solle
Anstalt zum Opffer gemacht werden / und der Herr
Schul-Oberste solle in Ermanglung des Hohen Prie-
sters die Opfferung mit eigener Hand verrichten.

Mich. Da behüte mich der Himmel davor.

El. Der Fürst hat es befohlen.

Mich. Der Fürste / welchen die Opffer gelieffert
werden/hat es noch nicht gebilliget.

El. Sind die Opffer nicht von GOtt eingesetzt?

Mich. So fern als das Blut von unvernünfftigen
Thieren vergossen wird.

El. Er will das Gelübde halten.

Mich. Ein unrechtes Gelübde wird ohne Verle-
tzung der Gerechtigkeit zurücke gehalten.

El. Diese Antwort kömmt zu langsam.

Mich. So will ich das Gesetze wissen/ welches einen Kinder-Mord billiget.

El. Es ist in demselben Gesetze enthalten/ welches
die Observanz der Gelübde erfordert.

Mich.

Mich. Soll man diß geloben/ welches man nicht halten kan?

El. Soll man diß nicht halten/ was man gelobet?

Mich. So könte jemand eine Gelübde thun/ seinem Vater zu ermorden.

El. Dieses Gelübde wird ein kluger Mensch niemahls vornehmen.

Mich. Ich frage warum?

El. Weil es die heiligen Gesetze verbieten.

Mich. Wo stehet aber das heilige Gesetze/daß man die Kinder verbrennen soll?

El. Abraham hat dergleichen Befehl von GOtt empfangen.

Mich. Aber GOtt/der es befohlen hätte/ befahl auch hernach das Wiederspiel.

El. Warum hat ers aber befohlen?

Mich. Damit die Nach-Welt ein Exempel des Glaubens hätte.

El. Warum hat ers verboten?

Mich. Damit die Nach-Welt wissen möchte/Gehorsam wäre besser/als Opffer.

El. Ich frage/soll man den Göttlichen Befehl verachten?

Mich. Nein/daß soll nicht geschehen.

El. Die Gelübde werden aber von GOtt befohlen.

Mich. Ich gebe es zu.

El. Er will auch/daß sie gehalten werden.

Mich. Ich bin nicht darwider.

El. Ja/er strafft die Nachläßigen.

Mich. Ja freylich; wer in billigen Gelübden seine Nachläßigkeit erweisen will. Gleichwohl darff man

die

dies zu keinem Deck=Mantel der närrischen Grausamkeit anführen.   Ich wohne dem Opffer nimmermehr
bey / und wenn ich diese Stunde eine andere Synagoge suchen solte.

(Geht ab.)

El. Ich freue mich / daß meine Reden keinen Nach-
druck hatten / und daß die Worte nicht zu Hertzen
gehen wolten / welche mir gleichfalls nicht von Hertzen
giengen.   Und vielleicht kan dieses ein Anfang zu einer guten Hoffnung seyn.

(Geht ab.)

Fünffte Handlung / Siebender Auffzug.

Simea. Elkana. Joël.

Sim. Ihr mögt sagen / was ihr wolt / so bleib ich bey
meiner Meinung.

Elk. Wir müssen etwas laviren / und einer bessern
Zeit erwarten.

Joël. Es ist doch nicht gut wieder den Strohm
schwimmen.

Sim. Was? soll dieser neue Schul-Oberste uns alte wohlverdiente Leute zu Sclaven machen? Und soll
dieser hochmüthige Kerl mit seinem Unverstande allenthalben das Regiment führen / so wolte ich / meine Eltern hätten mich lassen einen Sau-Hirten werden.

Elk. Was wollen wir thun? Er hat vornehme
Patronen.

Sim. Ey Patronen hin / Patronen her / ich dencke
die

die Zeit noch zu erleben / daß sich mancher dieser Beförderung schämen wird.

Elk. Ehe aber die Zeit kömmt / müssen wir etwas sachte gehn.

Sim. Das ist meine Klage / daß ich von meinen eigenen Collegen verlassen werde.

Joël. Ich wolte gerne mein Votum darzu geben / aber ich habe nur dieses eintzige Bedencken / daß der Herr Schul-Oberste zugleich ein Prophet ist.

Sim. Ha / ha / warum nicht auch ein Hoher-Priester. Ein Prophet ist ein Diener GOttes / und deßentwegen darff sich niemand eine Herrschafft über andere Leute anmassen: es wird auch manchmahl etwas propheceyet / da der heilige Nahme nur zum Deckel gebrauchet wird. Es sey auch wie es wolle / genung / daß ich vor keinem Propheten erschrecken will. Wenn diese Neurungen eingehen / daß er uns reformiren will / so müssen wir ihm zu Gefallen übers Jahr Stroh fressen.

Fünffte Handlung / Achter Auffzug.

Nabal und die Vorigen.

Nab. O ich armes Thier / die Geister haben mich geplagt / daß ich vor Angst vergehen möchte / nun höre ich / der Fürst will mich / als einen Spion / hencken lassen: Drum weiß ich keinen Rath / wo mich kein Priester in Dienste nehmen will. Siehe / da treff ich etliche Herren gleich an / die mir vom Galgen helffen könten.

Sim. Was wilstu? Hat dich etwan der Schul-Oberste hergeschickt?

Nab.

Nab. Ach nein/ ihr lieben Herren/ ich wolte der
Schul-Oberste wäre gehangen/ es thauret mich von
Hertzen/daß ihr ehrlichen Priester so viel von ihm leiden müst/ aber dieweil ich wohl sehe/ daß die Pralerey
nicht lange währen wird/ so komm ich hieher/ und wolte fragen/ ob die Herren Priester keinen Calefactor
vonnöthen hätten.

Sim. Ein vornehmer Platz-Inspector wird nun
nimmermehr zum Calefactor werden.

Nab. Ich hätte es auch nicht gedacht. Aber nun
ich . . . daß die Ehre . . . . Beschwerung ist/ so
. . . . lieber ein . . . . Kerl seyn/ und . . . . Ru-
he bald . . . .

Eli. . . . . Rede . . . klug genung : . . . wolte man
könte . . . . . . Kerlen helffen.

Joël. . . . . man könte leicht ein Dienstgen erdencken/
es möchte nur den Herren Schul-Obersten verdriessen.

Sim. Was verdriessen . . . Er soll den Dienst haben/
nur laßt mich wissen/was ich verschencken soll.

Joël. Es ist bekandt/ wie bißhero in unser Synagoge der Bindfaden so schrecklich ist zerzettelt . . . .
wenn wir unsere Acta auff und zugeknüpffet haben:
es thäte Noth/ weil der gute Mensch ohne dem ist ein
Platz-Inspector gewesen/ man machte ihm zum Bind-
faden-Inspector. und gebe ihm etliche Präbenden
von Dinte und Streusande zum Accidens. Wäre
darnach was anders zuverrichten/ darbey grosse So-
lennität erfodert würde/ so könte seiner noch besser gedacht werden.

Sim. Es ist gut/ihr solt unser Bedienter seyn/ die
Bestallung soll morgen ausgefertiget werden/ anietzo
                                                                soll

ſoll auch ein Diener heraus komen/ der ein ſolches Kleid
bringt/ darbey unſer Orden keine Schande hat.

Fünffte Handlung/ Neundter Auffzug.

Gerſon und die Vorigen.

Gerſon. Glück zu/ ihr Herrn/ verziehet ein wenig/
der Fürſte läſt etwas befehlen.

Elk. Ich fürchte mich vor einer unangenehmen
Verordnung.

Gerſ. Der Schul-Oberſte Micha - - - -

Joël. Ach Weh/ wir ſind verdorben!

Gerſ. Wolt ihr den Fürſtlichen Befehl nicht
hören.

Sim. Dieſes erfordert unſere Schuldigkeit.

Gerſ. Der Schul-Oberſte/ Micha/ hatte Befehl
bekommen/ des Fürſten Gelübde zu vollziehen/ und ſeine Tochter zu ſchlachten/ hat ſich aber dieſem Befehl
aus Hochmüthigen Trotze wiederſetzet. Gleichwie nun
ſolches mit höchſten Ungnaden iſt auffgenommen wor-
den/ als wird hiermit der geſamten Prieſterſchafft
Ernſtlich befohlen/ vor dem Schloß-Hoffe zu erſcheinen/
und wegen der Opfferung Ordre zu erwarten.

Sim. Es wird niemand ungehorſam ſeyn.

Gerſ. Ich warte auff keine Antwort/ ihr höret den
Fürſtlichen Befehl.

(Gehet ab.)

Sim. Luſtig/ ihr Herrn Collegen, der Anfang iſt
gut. Wir wollen wohl bey unſer Gerechtigkeit bleiben. Nur/ daß unſer neuer Bedienter Nabal bald an-
gekleidet wird.

(gehet

(gehen ab/ein Diener kömt heraus/und hilfft
Nabal einkleiden / welcher wunderliche
Possen darbey macht)

Fünffte Handlung/ Zehender Auffzug.

Joseba, Usi, Epha.

Jos. Aber ich bitte.

Usi. Ich fürchte mich.

Jos. Wo eine Fürstin bittet/ da soll man sich nicht
fürchten.

Usi. Wo die Fürstin einen zornigen Gemahl hat/
der das Rach=Schwerdt in Händen führt/da ist nicht
zu schertzen.

Jos. Wer will einen Propheten antasten/ ihr seyd
sicher genung/thut mirs nur zu Gefallen.

Usi. Aber wie soll ich die Sache angreiffen?

Jos. So bald die unschuldige Thamar zum Opffer wird geführet werden/ und wenn der Schlächter
sein verfluchtes Messer wetzen wird/ so stellet euch ra-
send/und saget etliche Worte daher / als wäre der
Himmel mit diesem Opffer nicht zufrieden/ und als
wenn das Gelübde schon erfüllet würde / so ferne der
Vater die Tochter zu einer ewigen Jungferschafft ver-
dammete.

Us. Solte doch die ewige Jungferschafft verdrieß-
licher seyn/als ein geschwinder Tod.

Jos. Habe ich nur so viel erhalten/ so will ich der andern Verdrießligkeit leicht abhelffen.

Usi. Die Hoffnung einer Fürstl. Gnade macht mich
kühne/ ich will mich drauff bedencken.

(geht ab.)

Jos.

of. Der Himmel gebe Glücke zum Ausgange! aber/ Epha, gib Achtung/ damit ich den Ausgang Sachen in der Zeit erfahre.

(Geht ab.)

pha. Es soll nichts vergessen werden (ad spect.) halte/ so viel als die vorige Klugheit wird ausge= let haben/ so viel werden wir mit unsern Lügen= pheten ausrichten. Doch auff Fürstl. Befehl kan tliche Stunden müßig stehen und zusehen.

ünffte Handlung/ Eilffter Auffzug.

Simea. Malach.

im. Der Herr will gewiß unser Hoher=Priester den.

Mal. Mein guter Freund/ nach euer schwartze Kap= ag ich kein Verlangen.

im. Aber/ wer die Priesterschafft reformiren wil/ darff in keinen bunden Kleide erscheinen.

Mal. Hingegen/ wer kein bundes Kleid erleiden kan/ soll sich mit keinem unschuldigen Blute bespritzen. he Farbe gehöret auch mit unter die Bunten.

im. Diese Farbe soll mein Zierrath seyn.

Mal. Gleichwol könte man zu diesen Zierrath leich= ommen: es wäre um ein paar Ohren zu thun/ die abschnitte/ so bliebe die Jungfer lebendig/ und heilige Kleid bekäme indessen seine gebührende be.

im. Herr/ daß war etwas grob.

Mal. Ich richte mich nach dem heutigen stylo. Und alte davor/ wenn iemand seine Ohren zum besten

K ge=

gebe/ so stünde ihm hernach das Menschen-Schlach-
ten desto besser an.

Sim. O du verdammtes Welt-Kind/siehestu nicht/
was ich vor ein heiliger Mann bin; dürffte ich Schweinen-Fleisch anrühren / ich wolte dir die Augen aus-
kratzen.

Mal. Dürfft ihr kein Schweinen-Fleisch anrühren/
warum kratzt ihr euch selber im Kopffe.

Sim. Böser Mensch/ du wilst unser Brand-Opffer lästern.

Mal. Das Brand-Opffer wird gelästert/wenn unschuldige Weibes-Personen darzu gebrauchet werden.

Sim. Was gehet mich die Unschuld an? ich richte
mich nach des Fürsten Befehl.

Mal. Der Fürstliche Befehl gilt bey euch Herrn
gar wenig / wenn die Sache unangenehm ist : wäre
es nicht um eine Bravade wider den Schul-Obersten
zu thun / das Schlacht-Messer bliebe wohl in der
Scheide stecken.

Sim. Mein/last euch um unsere Geistliche Sachen
unbekümmert.

Mal Last ihr auch unsere Fleischliche Personen un-
geopffert.

Sim. Fleisch/Fleisch: es wird am Fleische mangeln/
wenn ein dürres Mädgen abgestochen wird;

Mal. Du verdamtes Läster-Maul/hat die wunder-
schöne Printzeßin diesen Titul verdienet? Thue einen
Wiederruff; oder ich will dich auffopffern/ ehe du einen Mord begehen kanst.

(entblöst den Degen.)

Sim.

ikana, Joel, Nabal kommen gelauffen.)

lk. Wer will unsern Orden schimpffen.

Mal. Der Priester / der sich vor einen Scharff-
ter gebrauchen läst.

Joel. Schweig/ du Läster-Zunge.

Mal. So will ich sehen/wer mir das Maul verbie-
soll.

lk. So solstu nicht so gut werden / daß ich dich
hen will.

ie lauffen davon / Malach jaget sich mit
hnen etliche mahl herum/auf die Letzt ent-
ommen sie/und bleibet Nebal im Stiche.)

Mal. Siehe/du Erdwurm/wo hastu deine Schin-
Knechte gelassen?

Tab. Ey Gnade/ Gnade!

Mal. Wer eine Jungfer schlachten will / hat keine
de verdienet.   Ich will dich jetzund bohren/ daß
Blut deinen andern flüchtigen Schelmen in das
ichte spritzen soll.

Tab. Herr/sagt mirs kurtz/wolt ihr mich erstechen.

Mal. Ich habs gesagt / umb deinet wegen will ich
Lügner werden.

Nab.   (wirfft das Kleid weg.)
mag ich kein Priester seyn. Glück zu/ Herr Hofe-
ter/ treffen wir einander hier an.

Mal. Ist unser Platz-Inspector ein Opffer-Knecht
den ? wie soll ich das verstehen?

Nab.

Nab. Ey es steckt grosse Klugheit darhinter; Ich soll bey dem Opffer was heimliches anrichten / welches noch zur Zeit kein Mensch erfahren darff.

Mal. So kreuch doch wieder in die Kappe hinein/ und verrichte dein Ampt: Aber die andern Vögel — — — — —

Nab. Wie sagt ihr/Herr Hofemeister die andern Flegel?

Mal. Sie mögen alles beydes seyn. Sage nur/sie sollen mir entweder nicht begegnen/ oder sie sollen sich zum Tode schicken.

(geht ab.)

Nab. Geh immer hin/ du Pralsachte. Ich habe es bey den Priestern besser/ als unter deinem Commando: es verdreust mich nur/ daß ich mein Kleid wieder auffs neue muß anziehen.

(Er zeucht es an.)

Nun bin ich fertig/ich halte / es wird meinen Handwercke nicht schaden/und ich werde das Opffer-Messer dennoch wetzen dürffen/ wenn ich gleich ein paar grobe Flegel an der Jacke kleben habe

(Gehet ab.)

Fünffte Handlung/Zwölffter Auffzug.

Jephtha. Thola. Sabad. Reseph.

Jeph. So nehmt es endlich vor eine affronte an/und versuchet eure Kräffte/ nur lasset mich an meinem Opffer-Tage unverstöret.

Sabad. Ein frembder Abgesandter/ welchem an schleus

euniger Expedition gelegen ist / darff sich an kei-
Opffer-Tag binden lassen.

Jeph: (entrüstet.)
b ich nicht gesagt / daß ihr aus meinen Augen wei-
a sult.

Ref. Wenn wir weichen/ so ist der Krieg angekün-
t.

eph. Der Arm/ davor sich die Ammoniter gebü-
haben / der soll einen Stamm in Israel weniger
chen / und die hochmüthigen Kinder Ephraim von
Erde vertilgen.

Ref. Das Glück ist kugelrund / und bleibet nicht
zeit auff einem Orte.

eph. Schweig/ oder ich giesse meine Rache auch
r die Gesandten aus.

ab. Wohlan/ weil Jephtha die Kinder Ephraim
echtmäßiger weise geschimpffet hat/ auch anitzo kei-
Restitution gedencken will/ so werde hiermit die
ntliche Feindseligkeit angekündiget / also daß den
dern Ephraim vergönnet sey / mit Feuer und
hwerdt ihre Gerechtigkeit zusuchen.

eph. Ihr möget in der Rück-Reise noch sicher
leite haben/ darnach wollen wir probiren / was
Marck in euren ohnmächtigen Knochen verschlos-
ist. Aber ach/ künte ich meine Gemüths-Angst so
t überwinden / so leicht / als die Kinder Ephraim
meiner Macht varnieder fallen werden! Ich sehe
Proceß allbereit von weiten herkommen.

Thol. Ihr Durchl. werden den betrübten Anblick
verlich ertragen können; Dannenhero ist am rath-

samsten/daß sie eine Retirade in einem Zimmer neben
den Opffer-Platze/suchen.

Jeph. Ich erfahre/ daß Tausend Feinde eher zu
überwinden seyn/als die Väterliche Liebe. Drum will
ich mich verbergen/ daß sich niemand rühmen möge/
als hätte er Jephtha verzagt gesehen.

Thol. Ihre Durchl. sollen von mir begleitet werden.

(gehen ab.

Fünffte Handlung/Dreyzehender Auffzug.

(Der innere Schauplatz öffnet sich/und prä-
sentiret einen Altar. Hierauff kömt der
Proceß 1. Gerson mit etlichen Soldaten;
Hernach die Priester/ ingleichen Nabal mit
einem andern Diener/ welche das Opffer-
Geräthe tragen. Ferner 2. Knaben in Trauer-Kleidern mit brennenden Fackeln Creutz-
weiß über einander geschlagen. Und also
fort Thamar, durch Jair und Nachir in
Trauer-Mänteln begleitet; Ihnen folget
Elon und Hillel in Trauer-Kleidern/ nebenst etlichen stummen Personen. Endlich
kömt der Wachmeister mit seiner Rotte. In
wehrenden Processe wird ein Lamento mit
Trombonen gespielet. Wenn sie nun bey
dem Altar sich stellen/ fangen die Priester
fol-

folgendes an zuſingen / und ſpielen die
Trombonen das Ritornello darzwi-
ſchen.

I.

Uff auff/ die Stunde bricht nun an.
Da ſoll ein keuſches Blut das Opffer färben/
Der Vater hat den Spruch gethan/
Und läſt ſein Kind als ein Verlobtes ſterben.
Der Himmel hat den Sieg gebracht/
Und dieſes Opffer werth gemacht.

2.

Ach! Ach! wie köſtbar iſt der Tod /
Da ſich ein Vater ſelbſt dem Himmel ſchencket/
Und nach gedämpffter Krieges-Noth.
Mehr an die Pflicht als an die Freude dencket!
Der hat ſein Leben friſch gewagt
Wer ſolch ein Opffer nicht verſagt.

3.

Nun/nun/du auserleßne Braut/
Komm ſchicke deinen Hals zum letzten Streiche/
Wenn dich die Welt im Blute ſchaut/
So lebſt du ſchon in jenem Königreiche/
Da man das Opffer-Gut erkennt /
Wie lieblich dieſe Flamme brennt.

Fünffte Handlung / Vierzehender Auffzug.
Die Vorigen.

Simea. Nun/wolan Printzeßin/es iſt nun Zeit/daß
K 4

sie vor eine Braut des hohen Himmels würcklich erkläret wird.

Tham. Wenn es dem Himmel also gefallen hat/so
erkenne ich mein Glücke/daß ich zu einem so kostbahren
Opffer nicht unwürdig bin: man lasse mir nur so viel
Zeit /biß ich mein Gebet verrichtet/und meinen Hertz-
liebsten Eltern nochmahls/wo nicht gegenwärtig mit
dem Leibe/ doch abwesend mit der Seele einen gebüh-
renden Abschieds-Gruß ertheilen kan.

Sim. Eine Viertel-Stunde soll zu dieser heiligen
Verrichtung vergönnet seyn.

Tham. (Kniet nieder und betet.)

Usi. (Kommt rasende heraus.)
Ich habe des Herrn Wort.

Jeph. (Springt heraus.)
Wer will das Opffer stören?

Usi.

Wer will den Opffer-Tisch mit Menschen-Blute
färben?

Soll nun die Unschuld selbst an statt des Viehes
sterben

Das GOtt erfodert hat? Ihr Priester weicht zu-
rück/

Der Himmel giebet euch hier keinen Gnaden-
Blick.

Sein strenger Willen ist/es solte Thamar leben/

Doch wenn sich Jephtha nicht des Wortes will
begeben/

Das

ß er gesprochen hat/so bleibt daselbe fest/

enn er die Töchter einst/ als Jungfer sterben
läst.

e mag der Einsamkeit dahin geopffert werden/
e spüre ferner nicht/an Reden und Geberden/
as Lieb und Ehstand sey; so geht es rühmlich an/
iß sie ein Opffer wird/und gleichwohl leben kan.

eph. Ha/wer hat dir die schnöde Weissagung in
Mund geleget?

im. Es schmecket alles nach den Schul-Obersten/
will uns diese Ehre vielleicht mißgönnen.

eph. So darff das Opffer desto weniger verhin-
t werden.

achir, Jair, Elon und Hillel knien vor
Jephtha nieder.)

El. Durchläuchtigster Fürst/ ob wir gleich ins ge-
t unsere Schuldigkeit nicht vergessen haben/ daß
einen gebietenden Ober-Haupte widersprechen
lten: Dennoch leben alle getreueste Unterthanen
demüthigsten Vertrauens/ E. Durchl. werden
nädigst geruhen/ diese unterthänigste Vorbitte an-
ören. Es ist an dem/daß E. Durchl. ein Opffer
sprochen haben. Allein/ ob der Himmel dieses Ver-
echen annehmen will/ das können wir sterblichen
t errathen. Und solches um so viel destoweniger/
l ein Prophet des Herrn ins Mittel tritt/ welcher
ch sein Wort/ein schweres Nachdencken verursa-
n kan. Nun ist es bekand/daß in zweiffelhafftigen
chen der Auffschub jederzeit besser ist/ als die Eil-

K 5   fer-

fertigkeit; Und dannenhero werden E. Durchl. dero
getreueste Unterthanen in dieser Bitte nicht beschä-
men/ daß man das angestellte Opffer/ wo nicht gänz-
lich wiederruffen/ doch zum wenigsten auff eine geringe Zeit einstellen möchte/ da man sich des Göttlichen
Willens etwas genauer erkundigen möchte.

Jeph. Was dem Himmel versprochen ist/ darüber
soll die Erde keine Bedenck-Zeit nehmen.

Mich. Gnädigster HErr/ der Himmel befiehlet uns/
daß wir bedachtsam gehen sollen.

Jair. Ja/ der Himmel weiset uns durch die Kinder Ephraim/ was vor Unglück unsere Unbedachtsam-
keit straffen könte.

Hil. Uber diß wird ein Fürste nicht erwehlet/ die
Leute zu verderben/ sondern zu erhalten. Wer in seiner
eigenen Familie kein Vater ist/ solchen wird das gemeine Volck vor keinen Vater des Vaterlandes aus-
schreyen.

Jeph.   (Kehrt sich weg.)

Ich sehe/ daß alles voller Verrätherey ist. Auff ihr
Priester/ führet das Opffer in den Wald an meinem
Garten/ und verrichtet euer Ampt unter der grossen
Eichen. Ich will erweisen/ daß ein Mensch die gantze
Welt trotzen könne/ wenn er in des Himmels Dien-
sten begriffen ist.

(Jephtha mit den Priestern gehet ab.)

Elon. O hartes Vater-Hertz!
Mich. O schlechte Hoffnung vor getreue Unterthanen!

                                    Jair.

fair. O elende Anzeigung vor unsern künfftigen
Zua !

Hil. O rechtmäßige Straffe vor unsere Thorheit!
habe ich leicht gedacht / daß ein Fürste mit unserer
cylheit schlechte Gemeinschafft pflegen würde.

Mach. Vielleicht wird seine Grausamkeit in diesem Exempel beruhen. Was fragt ein Unterthan
nach / ob der Fürst seine Tochter schlacht.

fair. Und wo ein Fürst die Grausamkeit in seinem
Muthe auslassen will / da bleiben die Unterthanen ver-
onet.

Hil. Oder / sie werden zum Nach-Gericht verspa-
Es ist mir leid / daß meine Muthmassungen so
hl eintreffen.

(Sie gehn insgesamt ab.)

Fünffte Handlung / Funffzehender Auffzug.

Ziba. Schual.

Schu. Du Narr / bleib doch da / es wird dich nie-
und fressen.

Zib. Du hast gut reden / du bist nicht im Kriege ge-
sen: Ach wie böse können die Herren seyn / wenn
einen Bauer auff einem Schelmstücke ontreffen.

Schu. Lauff nur davon / so können sie dich nicht an-
ssen.

Zib. So klug wär ich auch / wenn grosse Herren
ne lange Finger hätten.

Schu. Die Fingen sind wol lang / aber sie gehen
ht durch die gantze Welt.

Zib.

Zib. Ich will auch auff meine alte Tage keine Reise durch die gantze Welt anstellen.

Schü. Ich sehe wohl/du bist wie ein Mertzen-Hase; wenn dich die Mutter in einen Garten geworffen hat/so lauffstu nicht weiter/als wo du die Blätter an den Bäumen zehlen kanst.

Nabal   (kömmt.)

Lauter Hertze/lauter Hertze/alles wackelt und zappelt an mir/ vor grosser Courage.   Je daß ich nicht eine Jungfer schlachten soll! Nein.   Ich wolte lieber meinen Bindfaden-Dienst bey der Clerisey auffgeben/ oder ich wolte lieber zehn Bauren davor auffopffern/ wenn sie es leiden wolten.

Sch. Nachbar! wie gefällt dir der Geistliche Herr? Hätte er nicht ein bißgen Schläge verdienet?

Zib. Bey Leibe nicht.   Wenn ein Bauer Geistlich Fleisch anrührt/ so kriegt er die Colica in allen zehn Fingern.

Sch. Ich will dich bey deinem Glauben lassen; aber wenn es nach meinem Kopffe gienge/ so wolte ich meine Fäuste lassen um seinen Kopffe gehen.

Nab. Glück zu/ ihr guten Freunde/ wollet ihr zu unserm Opffer kommen?

Zib. Was vor ein Opffer?

Nab. Unser Fürst läst seine Tochter schlachten.

Zib. Ich fresse kein Menschen-Fleisch.

Nab. Das Fleisch gehöret auch vor keinen Bauer/ es wird eine alte Kuh darneben geschlachtet/davon sollen die Vornehmsten aus dem Dorffe die Luntze zum besten haben.

Zib. Auff diese Weise begehr ich kein Opffer.

                                            Nab.

Nab. Es ist gut/ ich wills dem Fürsten sagen/ daß ihr schelmischen Bauren sein Opffer verachten wollet.

Zib. Je leug?

Nab. (giebt ihm eine Maulschelle.) Siehe da/ keine Antwort ist auch eine Antwort.

Sch. Ich traue diesem Spiele nicht/ es möchte auch an mich kommen Nachbar Ziba/ seht/ wo ihr durch kommt/ ich gehe fort.

Zib. So werde ich der Maulschellen halben keinen Proceß anfangen. Genung daß ich die Zeit zum besten habe.

(Sie gehn ab.)

Nab. Sind die Vögel schon weggelauffen? Sonst war es Mode/ daß die Bauren eine Maulschelle vor einen Silberling bezahleten; Jetzund wollen sie es um sonst haben; in zehn Jahren werden sie wollen einen Orts-Silberling darzu haben. Zwar ich will mein Recht behaupten/ und will weisen/ daß ich Macht habe einen Bauren den Bart mit dem Hacke-Messer zupuhen.

Fünffte Handlung/ Sechzehender Auffzug.
Joseba. Malach.

Jos. Je länger ich auff den Ausgang warten muß/ desto weniger Hoffnung wird mir übrig gelassen. Ach/ wie schmertzlich ist das Unglücke/ wenn man darbey auffgehalten wird! Ach Himmel/ wiltu mich zu einer betrübten Person machen/ so qväle mich nur nicht mit vergebener Hoffnung/ sondern laß den Schluß über mich ergehen/ welchen ich durch menschliche Klugheit nicht hintertreiben kan.

Mal.

Malach.   kömmt.

O weh mir/ die Fürstin ist hier!

Jos. Malach was entsetzt ihr euch.

Mal. Durchl. Fürstin/ geringe Personen entsetzen sich auch vor einem hohen Anblicke.

Jos. Ich besorge etwas anders / haltet mich nicht auff.

Mal. Ich bringe gerne gute Botschafft.

Jos. Wenn aber dieses nicht in unser Gewalt stehet/ so saget die Warheit; Ich höre doch/daß ich bey dieser Botschafft das meiste werde verlohren haben.

Mal. Was soll ich sagen?

Jos. Ich bitte/ macht mich nicht ungedultig: Ist das Brand-Opffer verrichtet/ so mag es verrichtet seyn/ last mich nur den gantzen Verlauff wissen.

Mal. Ich bin dem Befehle gehorsam. So bald die unschuldige Printzeßin unter die Eiche bey dem Fürstlichen Garten kommen war/ und das Opffer-Messer in des Priesters Hand fünckeln sahe/ bat sie noch um so viel Zeit/daß sie alles schwermüthige Betrübniß von ihrem Hertzen abweltzen möchte/und hierauff nahm sie von dem Herrn Vater kindlichen Abschied/ sagte auch/sie wolte noch freudiger sterben/ weñ sie entweder ihren letzten Blick auff die Frau Mutter zu wenden/ oder doch in der Gewißheit sterben solte/ daß die Mütterlichen Thränen in ihrem Blute möchten vertilget werden. Ach Himmel/sagte sie/lege meinen höchstgeliebsten Eltern dieselben Jahre zu/welche sonst in meinem Brandopffer verrauchen werden/und weñ sie dermahleinst das irrdische Leben mit dem Himlischen verwechseln sollen/ so gib mir Gnade / daß sie

Meſſer in ihrer Kehle/ daß auch die niedrigſten Blätter von der Eiche mit dem Blute beſprützet worden.
Das herumſtehende Volck entſetzte ſich vor dem Anblicke: Ich aber hatte ſo viel Grauſamkeit angeſehen/
daß ich des ferneren Ausganges nicht erwarten wolte.

    Joſeba.   (wird raſend.)
Hund/ wie lange haſt du über dieſen Lügen ſtudieret?

    Mal. Durchl. Fürſtin/ was befohlen wird/ das
muß ich in aller Unterthänigkeit verrichten.

    Joſ. Hab ich diß befohlen? Solſt du dem Prieſter
Schuld geben/ als hätte er meine Tochter geſchlachtet?
Sieheſtu nicht/ wie ſie herkömmt/ und dich als einen
verlogenen Böſewicht anklagen will? kom her / meine
geliebteſte Thamar, biſtu dem Tyranniſchen Vater
entlauffen; kom her/ich will dich in dem Garten=Hau-
ſe verbergen/ biß dich Prinz Dodo in ſein Fürſten-
thum abholen kan; komm her/meine Thamar, du haſt
dich vor deiner Mutter nicht zu fürchten. Ach wo
biſtu geblieben? Du meinſt gewiß/ der Lügner da /
werde dich bey deinem grauſamen Vater verrathen?
Ha! Ich will ihm das Handwerck verbiethen. D
Hund wilſtu meine Tochter verrathen/ packe dich
meinem Geſichte/ oder ich will dich zu einem hundert-
fachen Brandopffer ſchlachten laſſen.

    Mal. Gnädigſte Fürſtin/ich will gerne gehn.

    Joſ. Was wilſt du gehen/und meine Tochter auff
die Schlachtbanck führen? davor will ich dir den Hals

Mal. So will ich da bleiben.

Jos. Wilstu da bleiben / und wilst meine Tochter
Thamar abhalten / daß sie nicht herein kan? Ach ihr
Leute/ kommet doch eurer elenden Fürstin zu Hülffe/
und erlöset mich von dem Lügner/von dem Buben/von
dem Verräther.

Mal. Ich wolte der Ausgang würde mir gewiesen.

Jos. Was plaudert die Bestie? Es ist doch nicht
wahr. Thamar kömt dir zu Trotze herein. Ach meine
Tochter/ wie siehestu so blaß unter dem Gesichte/ bistu
etwan vor dem Opffer-Messer erschrocken? Gib dich
zu frieden/ wenn der Printz Dodo nur einen Kuß geben wird/ so weiß ich gewiß/daß die Backen den schön-
sten Rosen werden ähnlich seyn. Ach was bekümerstu
dich/siehe/ was deine Mutter vor eine Freude empfin-
det. Soll denn meine Lust durch deine Traurigkeit verstöret werden? Ach Thamar kom etwas näher/so lange dich deine Mutter küssen wird/ solstu vor dem Tode
befreyet seyn. Ach mein Kind/wie angenehm sind diese Küsse? Komm laß mich dieser Freude noch einmahl
geniessen.

(Sie fällt in Ohnmacht)

Mal. Ach weh/wie hat ein Unglück das ander ge-
bohren/und wie werde ich nunmehr zum andern mahl
ein betrübter Bote seyn.

(Geht ab.)

Die innerste Scena wird auffgezogen/da
die Jungfern in Trauerkleidern den Tod ihrer Gespielen folgender massen beweinen.

Sie'

Siehe! wie ist die Unschuld nun gestorben/
Und niemand hat ihr Schutz erworben/
Unser Fröligkeit verschmachtet/
Seit man keusche Seelen schlachtet:
Denn dieses kan in kurtzig Jahren
Auch andern wiederfahren.
Drumb weinet von Hertzen/
Mit ängstlichen Schmertzen.

Wiewohl/ sie wird dem Himmel anvertrauet/
Allwo sie schon die Hochzeit-Fackeln schauet:
Drumb dencket zurücke
Und wünschet ihr Glücke.
Ach dürfften wir eben
Dieß Opffer erleben!

Hierauff folgen etliche Melodeyen auff die unterschiedenen Texte. Meistens gesetzet

Von

M. E.

Tenor I.

Willkomen werthe Schaar so wird noch

im   merdar

Das Musen-Volck gelie   bet;

Und wenn die fro · he Zeit

nur ei = nen Winck zu neuer kurtz-

weil

Willkommen werthe Schaar/ so

wird noch im mer-

dar/ das Mu sen-Volck ge-

lie bet; Und wenn die fro he

Zeit nur ei nen Winck zu neuer kurtz-

weil.

weil sie bet/ so lacht die

Gü — — tig. keit/ da-

runter wir al le nach un sern ver-

langen/ die Früchte des emsigen

Fleiß ses empfangen. Ritt.

Te-

Tenor II.)

weil sie bet   So lacht die
Willenskräfften wart ...

Gü - tig - keit/   dar -

runter wir   all nach unsern Ver-

langen/ die Früch te des em si gen

Fleiß ses empfangen.   Rit.

L 3   Cem-

Cembal.

Willkommen werthe Schaar.

Rittornello.

Violin. 1.

Violin. 2.

Basso.
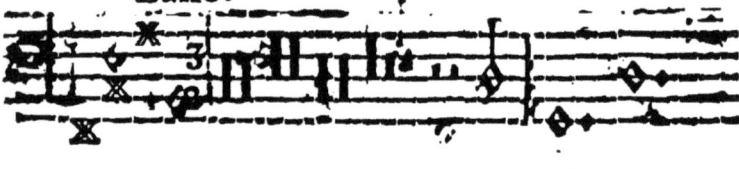

Schönster Sitz der Einsamkeit/ sol mir noch bey

deinen Bäumen/ was von Lust und

Liebe träumen? Oder soll die kur tze Zeit

etwas über mich be schliessen/

daß ich wer de schei den müssen.

DE JEPHTHA
Das Triumph-Lied.
Thamar.

O an genehmer Sieg/ die Feinde find ge-

schlagen/ und müssen Fes - sel

tragen/ die sonst mit ihren Schlechten/

so grosses Wesen machten/ O

an genehmer Sieg!

Mit

C. 1.

O freue dich Mizpa nach allem Ver-

mögen/ und schi cke dem Helden

die Tochter ent ge gen.

C. 2.

C. 3.

Alto.

O freu e dich Mizpa nach allem Ver-

mögen/ und schi cke dem Helden

die Tochter ent gegen.

Hi-

So freu = e   dich du
NB. Wol an das Volck hat

Se   get volles Land/   der
sich   schon auffgemacht/   und

Him = mel hat   dem Helden Muth
Tha = mar will   den schönen Hauf

ge ge = ben/   und dir dein
fen füh = ren/   Ihr Ster ne.

Sieg

Canto 2. Fœcunditas.

So freu e dich   du Se-
Wolan das Volck hat sich

gen vol les Land der Him - mel
schon auffgemacht und Tha - mar

hat dem Helden Muth -
wil den schönen Hauf-

ge ge ben/ Und dir den.
sen füh rew/ Ihr Ster ne
M   Sieg

C. 1. Hilaritas.

Sieg der maſ ſen   zu erkannt.
ſteht/wir dürf ſen   kei ne Nacht/

Daß Feld   und Stadt in
Wo Freud   und Luſt ein

ſi   therm Stande le = ben.
frucht bar Weſen ſpü • ren.

Nun wird das Vieh mit

Un=

Canto 2. Fœcunditas.

Sieg der maß sen zu er kandt/;
steht wir dürf sen kei ne Nacht/

daß Feld und Stadt Feld und Stadt in
wo Freud und Lust Freud und Lust in

sicherm Stan de le ben.
fruchtbar We sen spü ren.

M 2 Nun

Cant. 1. Hilar.

unge mei nen Freu den/ um

die se Sträu cher wei den.

Der Schäffer wird mit Pfeiffen

und Schal mey en/ sich an dem

Ver ge freuen.

Die

Cant. 2. Fœc.

Nun wird das Vieh nach

frölich süſ ſen Springen ge-

doppelt Frůch te brin gen

Fœc. Die Schäferin wird auch mit neuen

Frůch

Cant. 1. Hil.

Die gantze Stadt soll mit den

Sie ges Kräntzen um die se

Bäume glän tzen.

Cant. 2. Fœc.

Früchten/ ihr süſ - ſes Ampt

ver - rich = ten.

Auch alles

Volck wird ſich nach ſol chem Sie gen/ in

Fruchtbarkeit vergnü = gen.

M 4 Jhr

Cembalo.

1. So freue dich
2. Wolan das Volck

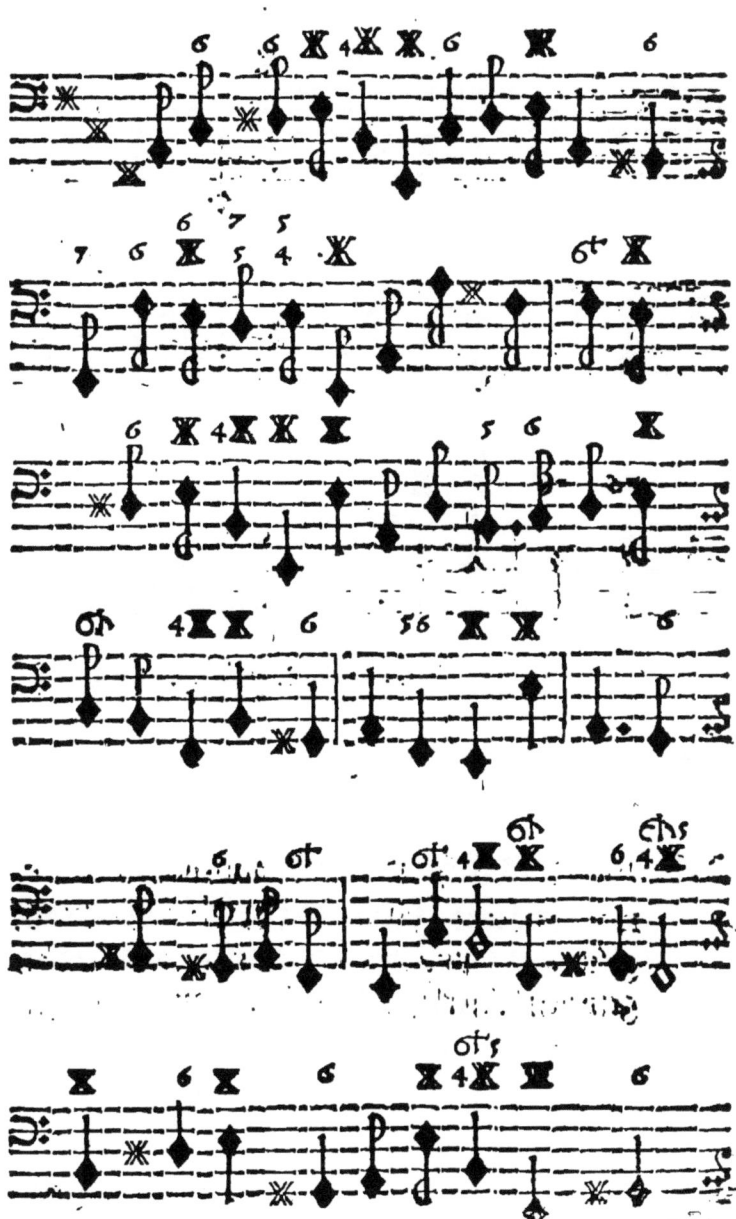

NB. Wolan das Volck. V. 2.

NB. Nach dem Folgenden/wird auch der bloſſe Tenor im Liede **Ich hab ein Wort geredt** geſungen: und dannenhero iſt es nicht nöthig geweſen/ einerley Melodie zweymal zu ſetzen.

Ihr

Ihr Sterne weicht davon.

Ihr Sterne weicht davon/

Ihr Sterne weicht davon.

weil unser Freude stirbt/ und die se

Jungferschafft ohn... al le Frucht verdirbt:

Ergetzt euch an derstwo hier hat ein-

her des Ampt/die schön ste von der Welt

zur Thrä nen Fluth verdammt.

Ri-

Rittornello.

Viol. 1.

Viol. 2.

Viol. 3.

Cembalo.

Baß. I.

Auff auff die Stun de bricht nun

ar/ da soll ein keusches Blut das Opffer

färben/ der Va ter hat den Spruch ge-

than/ uud läst sein Kind als ein verlob tes ster-

ben/ der Himmel hat den Sieg ge bracht/ und

die ses Opf fer werth gemacht.

Auff auff die Stunde bricht nun

an/ da soll ein keusches Blut/ da soll ein keusches

Blut das Opffer fär= ben/ der Va ter

hat den Spruch gethan/ uñ läst sein Kind als ein ver

lob tes ster ben/ der Himmel hat den Sieg

ge bracht/und die ses Opf fer werth gemacht.

N Auff

Baß. 3.

Auff/auff die Stunde bricht nun an/

da soll ein keusches Blut das Opffer

färben/der Väter der Va ter hat den

Spruch gethan/und läst sein Kind als ein ver-

lobtes sterben/ der Himmel hat den

Sieg gebracht/und dieses Opfer werth gemacht.

Gem-

Cembalo.

Cant. 1.

Sie = he

Canto. 2.

Sie = he/ wie ist die

Continuo.

wie ist die Un schuld nun ge stor = ben/

Un schuld nun gestor = ben/gestor = ben/

und nie - mand hat ihr Schutz erworben/

Und nie mand hat ihr Schutz er wor ben/

unsre Frölißkeit ver schmach tet/

uns re Frölißkeit ver schmach tet/

weil man keusche Seelen schlach - tet

weil man keusche Seelen schlach tet

und die ses kan in wenig Jah-

und die ses kan in wenig Jah-

ren auch andern wieder fah = ren/drum

ren auch andern wieder fah = ren/ drum

weinet von Her tzen mit ängstlichen Schmertzen

weinet von Hertzen/mit ängstlichen Schmertzen

Wiewol Sie wird dem Himmel anvertrau=

Wiewol Sie wird dem Himmel anvertrau=

et/ allwo sie schon die Hochzeit Fackel schau=

et/ allwo sie schon die Hochzeit Fackel schau=

et/ drum dencket zu rücke/uñ wi

et/ drum dencket zu rücke/und wü

lü   cke/   ach dürff

lücke/   ach dürff

eben das Opffer er le = ben.

e ben das Offer er le ▪ ben.

NB.

Dieses letzte Stücke ist in den Versen also eingerichtet / daß es auch auff das bekante Ecce qvomodo moritur justus kan gesungen werden. Sonsten wird der Musicliebende Leser die Arien wo forn viel Creutzgen oder auch viel ♭ stehen sollen/ also verstehen/ daß sie in den folgenden Zeilen auch in acht genommen werden: Inmassen die Columnen in octavo zu schmal sind/ alle weitläufftige Zeichen zu wiederhohlen. Das übrige wird leicht zu verstehen seyn/ wie es in diesem kurtzen Format hat müssen eingerichtet werden.

Geliebter Leser.

VOn dem gegenwärtigen Spiele hätte man viel erinnern können/ was so wohl die Invention an sich selbst/ als auch die Ausarbeitung betrifft. Allein wegen gewisser Verhinderungen wird solches biß dahin gesparet werden / wenn wir den Abraham/ wie er Isaac hat opffern wollen/ aus der Druckerey schicken möchten. Anietzo will ich nur dieses gedencken: der Status unsers Gymnasii, da man bey der ziemlichen Freqventz keinen versäumen will/ nöthiget mich die Spiele mit mehr Personen auffzuführen/ als sonst die Regeln zu verstatten pflegen: Sonderlich wenn sich ein iedweder bey seiner Partie eine Haupt-Person einbilden soll. Denn es ist wol nicht möglich / daß ein Zuschauer/ in so kurtzer Zeit die Person und den Innhalt so leicht begreiffen kan/ als wenn alles in wenig Begebenheiten/ auch in wenig Personen kan eingeschrencket werden. Im übrigen/ was die Bauern betrifft/ so habe ich die Reden Hochdeutsch hingesetzt/ und überlasse den Dialectum dem jenigen/ der es zu agiren Lust hat. Zu GOttes gnädiger Obhut anbefohlen.